Kompetenztest 1

Gymnasium Klasse 5/6

- niedriger Schwierigkeitsgrad
- mittlerer Schwierigkeitsgrad
- höherer Schwierigkeitsgrad

Aufgabe auf gesondertem Blatt bearbeiten

Vorwort

Liebe Schülerin, lieber Schüler,

Das Heft **Kompetenztest Deutsch 1** unterstützt dich bei der **Vorbereitung auf die Lernstandserhebung Deutsch** in Klasse 6. Es kann gemeinsam im Unterricht oder selbstständig zu Hause bearbeitet werden.

Kompetenztest Deutsch 1 enthält zugleich alle für Klasse 5 und 6 relevanten Textsorten und deckt den wesentlichen Lernstoff dieser Klassen ab. Das heißt, wenn du gegen Ende der Klasse 6 alle Aufgaben erfolgreich bearbeitet hast, kannst du alles, was du im Fach Deutsch bis dahin können sollst. Das bedeutet aber auch, dass du in Klasse 5 oder am Anfang von Klasse 6 noch gar nicht in der Lage bist, alle Aufgaben zu lösen. Wenn du dir nicht sicher bist, mit welchen Aufgaben du beginnen und welche du erst später bearbeiten sollst, wird dir deine Lehrerin oder dein Lehrer sicher gern helfen.

Kompetenztest Deutsch 1 enthält **vier große Tests**, die sich jeweils aus **zwei Teilen** zusammensetzen; beide Teile eines großen Tests bilden dabei eine thematische Einheit. Diese beiden nacheinander zu bearbeiten, ist dann sinnvoll, wenn du das Heft ergänzend zum Unterricht benutzt. Auf diese Weise löst du zu einem Thema **Aufgaben aus allen drei Bereichen des Deutschunterrichts** (Lesen/Umgang mit Texten, schriftlicher Sprachgebrauch und Reflexion über Sprache); gleichzeitig lernst du Aufgabentypen kennen, die dich auch in der Lernstandserhebung erwarten.
Wenn du dich dagegen gezielt auf die Lernstandserhebung vorbereiten willst, kannst du dir **Musterprüfungen selbst zusammenstellen**. Dazu bearbeitest du Teil 1 eines großen Tests und Teil 2 eines anderen großen Tests, denn auch in der Lernstandserhebung werden unterschiedliche Texte und Themen auf dich zukommen.
Für jeden der vier großen Tests ist eine Bearbeitungszeit von 90 Minuten, für jeden der acht Teiltests eine Bearbeitungszeit von 45 Minuten vorgesehen.
In der Mitte des Hefts ist ein **Lösungsteil** eingeheftet, mit dessen Hilfe du deine Leistungen selbst kontrollieren kannst. Nimm den Lösungsteil aber erst dann zur Hilfe, wenn du die Aufgaben schriftlich bearbeitet hast, oder im Ausnahmefall dann, wenn du keine Ansatzpunkte beim selbstständigen Arbeiten finden solltest.
Um dir deine Selbsteinschätzung zu erleichtern, sind die **Schwierigkeitsstufen der Aufgaben gekennzeichnet**: ▪ niedriger Schwierigkeitsgrad, ▪▮ mittlerer Schwierigkeitsgrad, ▪▮▮ höherer Schwierigkeitsgrad.

Nun aber viel Erfolg bei der Arbeit!

Lernspiegel

Die Lernspiegel helfen dir, die Arbeit mit dem Heft zu organisieren: Am Anfang des Lernspiegels steht, was in den Aufgaben von dir verlangt wird. Bei „Einschätzung/Bewertung" kannst du entweder das Ergebnis, das du in den Aufgaben erzielt hast, eintragen oder Aufgaben, mit denen du ohnehin keine Probleme hast, abhaken (in diesem Fall musst die Aufgabe(n) natürlich nicht mehr unbedingt bearbeiten, sondern kannst gleich ☺ ankreuzen).
Wichtig ist, dass du Aufgaben, die dir noch nicht so gut oder gar nicht gelungen sind (😐 und ☹), nach zwei, drei Wochen wiederholst.

Test I (1. Teil)

Ich kann …	Einschätzung/ Bewertung	bearbeitet am:	wiederholt am:
Aufgabe A			
einem Text Informationen entnehmen. – Aufgaben 1, 2, 4, 7	☺ 😐 ☹		
das Verhalten einer Figur erklären. – Aufgabe 3	☺ 😐 ☹		
ein Wort aus dem Textzusammenhang heraus erklären. – Aufgabe 5	☺ 😐 ☹		
meine eigene Meinung begründen. – Aufgaben 6, 9	☺ 😐 ☹		
das Gesprächsverhalten einer Figur charakterisieren und mit Hilfe von Gesprächsregeln bewerten. – Aufgabe 8	☺ 😐 ☹		
eine literarische Figur charakterisieren. – Aufgabe 10	☺ 😐 ☹		
eine Überschrift finden. – Aufgabe 11	☺ 😐 ☹		
sprachliche Auffälligkeiten erkennen. – Aufgabe 12	☺ 😐 ☹		
Aufgabe B			
ein Bild beschreiben. – Aufgaben 1, 2	☺ 😐 ☹		
ein Bild deuten. – Aufgabe 3	☺ 😐 ☹		
Aufgabe C			
nach inhaltlichen Vorgaben einen Brief verfassen.	☺ 😐 ☹		
Aufgabe D			
Wörter nach ihren Silben trennen.	☺ 😐 ☹		

Test I (2. Teil)

Ich kann ...	Einschätzung/ Bewertung	bearbeitet am:	wiederholt am:
Aufgabe A			
die An- und die Ausführungszeichen bei wörtlicher Rede setzen.	☺ 😐 ☹		
Aufgabe B			
diskontinuierlichen Texten Informationen entnehmen. – Aufgaben 1–5	☺ 😐 ☹		
Aufgabe C			
eine Wortfamilie bilden.	☺ 😐 ☹		
Aufgabe D			
Wortarten bestimmen. – Aufgaben 1–3	☺ 😐 ☹		
Aufgabe E			
Tempusformen bilden. – Aufgaben 1–11	☺ 😐 ☹		
Aufgabe F			
Attribute bestimmen und umformen.	☺ 😐 ☹		

Test II (1. Teil)

Ich kann ...	Einschätzung/ Bewertung	bearbeitet am:	wiederholt am:
Aufgabe A			
einem Text Informationen entnehmen. – Aufgaben 1–3, 6, 7, 9	☺ 😐 ☹		
eine Textaussage erläutern. – Aufgaben 4, 8	☺ 😐 ☹		
meine Meinung begründen. – Aufgabe 9	☺ 😐 ☹		
einen Text sinngemäß ergänzen. – Aufgabe 5	☺ 😐 ☹		
eine Redewendung erklären. – Aufgabe 10	☺ 😐 ☹		
Aufgabe B			
nach inhaltlichen Vorgaben einen Brief verfassen.	☺ 😐 ☹		
Aufgabe C			
Wörterbucheinträge erklären.	☺ 😐 ☹		

Test II (2. Teil)

Ich kann …	Einschätzung/ Bewertung	bearbeitet am:	wiederholt am:
Aufgabe A			
einem Text Informationen entnehmen. – Aufgaben 1, 3, 4, 7	☺ 😐 ☹		
Ausdrücke erklären. – Aufgaben 2, 6	☺ 😐 ☹		
das Verhalten von Figuren erklären. – Aufgabe 5	☺ 😐 ☹		
eine Figur charakterisieren. – Aufgabe 8	☺ 😐 ☹		
Aufgabe B			
Flexionsendungen richtig bilden. – Aufgabe 1	☺ 😐 ☹		
Konjunktionen erkennen. – Aufgabe 2	☺ 😐 ☹		
Oberbegriffe nennen. – Aufgabe 3	☺ 😐 ☹		
ein Wortfeld bilden. – Aufgabe 4	☺ 😐 ☹		
Antonyme bilden. – Aufgabe 5	☺ 😐 ☹		
Synonyme nennen. – Aufgabe 6	☺ 😐 ☹		
Aufgabe C			
Rechtschreibfehler erkennen und verbessern.	☺ 😐 ☹		
Aufgabe D			
zwischen *das* und *dass* unterscheiden.	☺ 😐 ☹		

Test III (1. Teil)

Ich kann …	Einschätzung/ Bewertung	bearbeitet am:	wiederholt am:
Aufgabe A			
Abschnitten eines Textes Überschriften zuordnen. – Aufgabe 1	☺ 😐 ☹		
einem Text Informationen entnehmen. – Aufgaben 2, 4, 6	☺ 😐 ☹		
einem Text Informationen entnehmen und diese miteinander verknüpfen. – Aufgabe 3, 8	☺ 😐 ☹		
eine Überschrift finden. – Aufgabe 5	☺ 😐 ☹		
Diagramme beschreiben. – Aufgaben 7	☺ 😐 ☹		
Aussagen anhand von Diagrammen überprüfen. – Aufgabe 9	☺ 😐 ☹		
meine eigene Meinung begründen. – Aufgabe 10	☺ 😐 ☹		
Aufgabe B			
Subjekte und Prädikate erkennen; Kommas bei Nebensätzen setzen.	☺ 😐 ☹		
Aufgabe C			
Satzarten bestimmen.	☺ 😐 ☹		
Aufgabe D			
Adjektive steigern.	☺ 😐 ☹		
Aufgabe E			
Stammformen (Leitformen) bilden.	☺ 😐 ☹		

Test III (2. Teil)

Ich kann ...	Einschätzung/ Bewertung	bearbeitet am:	wiederholt am:
Aufgabe A			
Gedichte thematisch miteinander vergleichen. – Aufgabe 1	☺ 😐 ☹		
Formmerkmale bei Gedichten bestimmen. – Aufgabe 2	☺ 😐 ☹		
eine Aussage erläutern. – Aufgaben 3 – 5	☺ 😐 ☹		
ein Gedicht sinnbetont vortragen. – Aufgaben 6, 7	☺ 😐 ☹		
Aufgabe B			
eine Geschichte nach Bildimpulsen verfassen.	☺ 😐 ☹		
Aufgabe C			
Nomen/Substantive deklinieren.	☺ 😐 ☹		

Test IV (1. Teil)

Ich kann ...	Einschätzung/ Bewertung	bearbeitet am:	wiederholt am:
Aufgabe A			
einem Text Informationen entnehmen. – Aufgaben 1 – 4	☺ 😐 ☹		
eine Textaussage erläutern. – Aufgabe 5	☺ 😐 ☹		
Textinformationen gliedern. – Aufgabe 6	☺ 😐 ☹		
mit Hilfe von Textinformationen eine sachliche Maßnahme begründen. – Aufgabe 7	☺ 😐 ☹		
Aufgabe B			
mit einem Bestimmungswort Komposita bilden.	☺ 😐 ☹		
Aufgabe C			
Komposita zu einem Grundwort bilden	☺ 😐 ☹		
Aufgabe D			
Satzglieder bestimmen.	☺ 😐 ☹		
Aufgabe E			
Sätze zu einem Satzgefüge verknüpfen.	☺ 😐 ☹		

Test IV (2. Teil)

Ich kann …	Einschätzung/ Bewertung	bearbeitet am:	wiederholt am:
Aufgabe A			
Textinformationen gliedern. – Aufgabe 1	☺ 😐 ☹		
einem Text Informationen entnehmen. – Aufgabe 2	☺ 😐 ☹		
eine Fabel erkennen und die Merkmale dieser Textsorte an einem Beispiel nachweisen. – Aufgabe 3	☺ 😐 ☹		
eine Textaussage erläutern. – Aufgabe 4	☺ 😐 ☹		
eine Figur charakterisieren. – Aufgabe 5	☺ 😐 ☹		
die Lehre einer Fabel formulieren. – Aufgabe 6	☺ 😐 ☹		
Aufgabe B			
eine Vorgangsbeschreibung verfassen.	☺ 😐 ☹		
Aufgabe C			
Aktivsätze in Passivsätze umformen.	☺ 😐 ☹		
Aufgabe D			
unterschiedliche Satzarten bilden.	☺ 😐 ☹		
Aufgabe E			
Wortgruppen in der richtigen Groß- und Kleinschreibung wiedergeben.	☺ 😐 ☹		
Aufgabe F			
Gliedsätze bestimmen.	☺ 😐 ☹		

Test I

1. Teil

Aufgabe A
Lies den kurzen Auszug aus dem Kinderbuch „Oma" von Peter Härtling. Beantworte anschließend die Fragen.

Peter Härtling: Oma

Kalles Eltern sind bei einem Autounfall ums Leben gekommen. Seitdem lebt Kalle bei seiner Oma.

[...] Oma beteiligt sich fast an jedem Preisausschreiben, das in den Zeitungen oder Illustrierten steht. Dabei hat sie Kalle angesteckt. Oft schicken sie die Lösungen doppelt ein. Kalle hat schon einmal gewonnen: einen Sturzhelm, knallgelb, der ihm viel zu groß war und der jetzt an einem Haken in seinem Zimmer hängt. Als das Paket mit dem Helm kam, ärgerte sich Oma. Kaum fängst du an damit, gewinnst du auch schon. Ich mache das Jahre und kriege nichts.
Kalle tröstete sie: Du bekommst sicher einmal den ersten Preis.
Sie bekam ihn auch. Sie wusste gar nicht mehr, für welches Preisausschreiben, da sie mindestens zwölf laufen hatte. Der Erfolg wurde ihr zunächst telegrafisch mitgeteilt: „Sie erhalten eine Freiflugkarte für einen Rundflug über München. Wir gratulieren."
Was soll das heißen? fragte Oma Kalle.
Na ja, dass du in einem Flugzeug einen großen Kreis über München machst. Das ist doch klar.
Das lehne ich ab, sagte Oma. Ich will einen Ersatzpreis.
Warte doch erst einmal ab, sagte Kalle.
Mit dem Telegramm hatte sich die Firma beeilt; danach hörten sie tagelang nichts. Oma, die den Preis richtig fürchtete, konnte an nichts anderes mehr denken, rannte bei jedem Klingeln an die Tür, war enttäuscht, wenn es der Briefträger oder die Nachbarin war.
Ich glaube, die haben mich beschummelt, sagte sie.
So schnell kann das gar nicht gehen, erklärte Kalle. Die brauchen doch Zeit, die Karte zu bestellen.
Ich will die Karte gar nicht, rief Oma.
Das können die doch gar nicht wissen, sagte Kalle.
Unsinn – Oma war immer zornig, wenn sie über ihren Preis sprach –, die wissen doch, dass man einer alten Frau nicht gerade einen Rundflug anbieten kann.
Sie saßen beim Abendessen. Kalle lachte. Oma herrschte ihn an, er solle sich nicht so auf den Stuhl lümmeln, sich nicht mit dem Ellenbogen aufstützen, und Kalle fragte sie: Sag mal, du behauptest, die Leute wüssten, dass du eine alte Frau bist. Hast du denn dein Alter angeben müssen? Oma geriet ins Grübeln. Kalle störte sie darin und sagte: Das muss man eigentlich nie tun. Man muss nur sagen, und auch das nicht immer, ob man unterschriftsberechtigt ist; das bist du doch – oder?
Bin ich geisteskrank? schrie die Oma.
Nein, aber was hat das damit zu tun?
Auf dem Schulweg dachte Kalle darüber nach, wie er Oma von ihrer Angst befreien könnte. Er beschloss, an die Firma, die den Preis vergab, zu schreiben. Am Nachmittag, als Oma Prospekte austrug, schrieb er den Brief: [...]

■ 1. Welcher gemeinsamen Beschäftigung gehen Kalle und seine Oma gern nach?

....

■ 2. Kalle hat einen Preis bekommen. Was hat er gewonnen?

....

Lösungen Seite I

3. Erkläre, warum die Oma böse ist, als Kalle einen Preis bekommt.

....

....

....

....

....

....

....

4. Auch die Oma bekommt bald darauf einen Preis. Was hat Oma gewonnen? Kreuze die richtige Antwort an.

a) Sie hat einen Rückflug gewonnen. ☐
b) Sie hat eine Flugshow gewonnen. ☐
c) Sie hat einen Rundflug gewonnen. ☐
d) Sie hat eine Flugroute gewonnen. ☐

5. Oma wird über den Gewinn telegrafisch benachrichtigt. Das bedeutet, dass sie

a) per Telefon darüber benachrichtigt wird. ☐
b) eine E-Mail erhält. ☐
c) eine SMS per Handy bekommt. ☐
d) ein Telegramm erhält. ☐

6. Erkläre, warum Oma über den Gewinn nicht glücklich ist.

....

....

....

....

....

....

7. Die Oma ist nach der Benachrichtigung über ihren Gewinn sehr aufgeregt. Wie äußert sich das in ihrem Verhalten? Kreuze die zutreffende Aussage an.

a) Sie ist beim Zeitungaustragen sehr aufgeregt. ☐
b) Sie rennt bei jedem Klingeln sehr aufgeregt zur Tür. ☐
c) Sie spricht sehr aufgeregt mit der Nachbarin. ☐
d) Sie füllt sehr aufgeregt weitere Kreuzworträtsel aus. ☐

8. Lies noch einmal die Zeilen 29–49 und charakterisiere mit deinen eigenen Worten das Gesprächsverhalten der Oma. Bewerte es mithilfe von Gesprächsregeln.

9. Erkläre, was Kalle unternehmen will, um der Oma ihre Aufregung zu nehmen. Hältst du diesen Plan für eine gute Idee? Begründe deine Meinung.

10. Mit welchen Eigenschaften kann man die beiden Hauptfiguren treffend charakterisieren? Ordne jeder Figur die passende Eigenschaft zu. Wähle aus den folgenden aus.

ordentlich sein, fleißig sein, neidisch sein, verständnisvoll sein, überheblich sein, mutig sein

Kalle: ....

Oma: ....

11. Peter Härtling hat den einzelnen Kapiteln in seinem Kinderbuch Zwischenüberschriften gegeben. Welche der folgenden findest du für den vorliegenden Ausschnitt am besten? Kreuze sie an.

a) Preisausschreiben findet man in allen Zeitungen. ☐
b) Oma gewinnt einen Freiflugschein. ☐
c) Kalle gewinnt beim Preisausschreiben. ☐
d) Bei Preisausschreiben winken tolle Preise. ☐

12. Welche Besonderheiten kann man in Omas Sprache feststellen? Kreuze die zutreffenden Antworten an.

a) Oma verwendet viele Fremdwörter. ☐
b) Oma spricht Hochsprache. ☐
c) Oma spricht umgangssprachlich. ☐
d) Oma verwendet eine anschauliche und bildhafte Sprache. ☐

Lösungen Seite I

Aufgabe B
Schau dir den Bucheinband an. Beantworte danach die Fragen.

1. Der Hintergrund des Bildes auf dem Bucheinband ist in zwei Teile aufgeteilt.

   a) Was zeigt der linke Teil? Beschreibe kurz.

   ....

   ....

   b) Was zeigt der rechte Teil? Beschreibe kurz.

   ....

   ....

2. Was ist auf dem Bucheinband im Vordergrund zu sehen? Beschreibe kurz.

   ....

   ....

3. Diese drei Bildteile haben eine übertragene Bedeutung. Für wen bzw. wofür könnten sie sinnbildlich stehen?

a) Der rechte Teil steht für ....

b) Der linke Teil steht für ....

c) Durch den Vordergrund wird sichtbar, dass ....

....

Aufgabe C

Kalle will an die Firma, die den Preis an die Oma vergeben hat, einen Brief schreiben. Schreibe diesen Brief für Kalle.
Überlege zuvor, was er der Firma mitteilen möchte. Was hat er beim Schreiben dieses Briefes zu berücksichtigen? Wie sollte er ihn anlegen? – Achte auf guten Ausdruck und fehlerfreies Schreiben.

....

....

....

....

....

....

....

....

....

....

....

....

....

Aufgabe D

Trenne folgende Wörter, indem du Längsstriche an alle die Stellen setzt, an denen man sie trennen kann.
Beispiel: *an|ste|cken*

Nachbarin, Preisausschreiben, Zeitungen, Lösungen, Paket, Sturzhelm, München, dachte,

wüssten, unterschriftsberechtigt, geisteskrank, Ängste, enttäuscht, Haken, befreien

Oma, ersten, hängt

Lösungen Seite I, II

Test I

2. Teil

Aufgabe A

Kalle und die Oma unterhalten sich im Text miteinander. Der Autor Peter Härtling hat die wörtliche Rede als solche aber nicht gekennzeichnet.
Setze im folgenden Textauszug die An- und die Ausführungszeichen der wörtlichen Rede deutlich an die richtigen Stellen.

Ich glaube, die haben mich beschummelt, sagte sie.
So schnell kann das gar nicht gehen, erklärte Kalle, die brauchen doch Zeit, die Karte zu bestellen.
Ich will die Karte gar nicht, rief Oma.
Das können die doch gar nicht wissen, sagte Kalle.
Unsinn – Oma war immer zornig, wenn sie über ihren Preis sprach –, die wissen doch, dass man einer alten Frau nicht gerade einen Rundflug anbieten kann.

Aufgabe B

Du möchtest das Kinderbuch „Oma" von Peter Härtling gern ganz lesen und es deshalb aus der Bibliothek ausleihen. Schau dir folgendes Informationsblatt der Bibliothek an und beantworte nachfolgende Fragen.

Stadt- und Regionalbibliothek Gera

Puschkinplatz 7 — 07545 Gera
www.biblio-gera.de — info@biblio-gera.de

Öffnungszeiten:

Mo, Do, Fr	10 – 18 Uhr
Di	10 – 19 Uhr
Sa	10 – 13 Uhr
Mi	geschlossen

☎ 838 4301	Sekretariat
0365 838 4328/29	Ausleihtheken
838 4320	Mahnwesen
838 4313	Fernleihe
838 4332	Ausleihtage
838 4321	Kinderbibliothek
838 4327	Info-Zentrum
838 4333	Regionalkunde
838 4310	Fax

Unser Angebot für Sie:

- 300 000 Medien zur Auswahl
- Internetzugang
- Tageszeitungen – Zeitschriften
- Spiegel-Bestseller
- Literatur in Originalsprache
- Bücher in Großdruck
- Brillenservice
- Info-Zentrum
- regionalkundliche Bibliothek
- Kinderbibliothek
- Musikbibliothek
- Artothek
- Fernleihe
- Führungen
- Lesungen – Ausstellungen

kurz und knapp:

⇨ immer aktuell: In unserem Foyer können Sie bei einer Tasse Kaffee die Tageszeitungen sowie die neuesten Zeitschriften studieren – oder auch mal Hörbücher (an)hören.

⇨ Ausleihfristen:

1 Öffnungstag:	DVD – Spielfilme (1 € pro Tag)
2 Wochen:	Videos, CD-Roms, Musik-CDs Zeitschriften, DVD-Sachfilme Bestseller
4 Wochen:	Bücher, Hörbücher, Kassetten Schallplatten, Spiele, Noten
6 Monate:	Bilder (5 € pro Bild + Ausleihe)

⇨ Verlängerung aller Medien ist immer möglich
– wenn keine Vormerkung vorliegt –
persönlich, telefonisch (0365-838 4328/29) oder per E-Mail (info@biblio-gera.de)

⇨ bei Vormerkungen werden Sie telefonisch benachrichtigt (50 Cent Bearbeitungsgebühr)

⇨ Literatur, die Sie nicht in unserem Bestand finden, beschaffen wir Ihnen gern per Fernleihe aus anderen Bibliotheken (pro Bestellung 1,50 € plus 1,50 € bei positiver Erledigung)

⇨ Nutzen Sie unsere Internet-Plätze, Kopierer und Mulitmedia-PCs!

⇨ behindertengerechte Einrichtung

⇨ Unsere Mitarbeiter erteilen Ihnen gern weitere Auskünfte!

Stadt- und Regionalbibliothek Gera

Lösungen Seite II

1. Liste alle Tage auf, an denen die Bibliothek zur Ausleihe geöffnet hat.

2. Wie lange kannst du das Buch regulär ausleihen?

3. Du hast das Buch ausgeliehen und möchtest es aber noch länger als üblich behalten. Was kannst du tun? Kreuze entsprechend an.

	richtig	falsch
a) Ich gehe am Montag nach der Schule zur Bibliothek und bitte um Verlängerung des Buches.		
b) Ich gehe am Mittwoch nach der Schule zur Bibliothek und bitte um Verlängerung des Buches.		
c) Ich gehe am Samstag auf dem Nachhauseweg vom Fußballspiel kurz nach 16.00 Uhr bei der Bibliothek vorbei und lasse das Buch verlängern.		
d) Ich rufe die Kinderbibliothek (0354/838 4321) an.		
e) Ich rufe eine Nummer der Ausleihtheken an und bitte um entsprechende Verlängerung.		
f) Ich schreibe der Bibliothek eine E-Mail und bitte darum, mir das Buch zu verlängern.		
g) Ich schicke der Bibliothek ein Fax und bitte um Buchverlängerung.		

4. Erkläre, unter welchen Umständen du das Buch nicht verlängern lassen könntest.

5. Dir gefällt gut, wie Peter Härtling schreibt, und du möchtest gern ein Kinderbuch von ihm lesen, welches die Geraer Bibliothek selbst aber nicht im Bestand hat. Wie können dir die Bibliotheksmitarbeiter helfen und dir dieses Buch dennoch zur Ausleihe beschaffen? Erkläre den Vorgang genau.

Lösungen Seite II

Aufgabe C

Bilde zwölf Wörter, die zur Wortfamilie *ausleihen* gehören. Achte auf korrekte Schreibung.

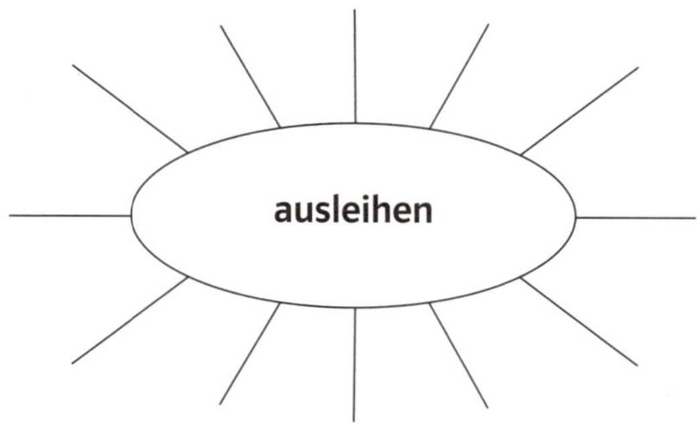

Aufgabe D

Bestimme in den folgenden Sätzen die Wortarten der unterstrichenen Wörter. Schreibe sie jeweils unter das Wort auf die entsprechende Zeile.

1. Viele	Schüler sind	fleißige Leser	der Bibliothek	in der Stadt.
	....	....	....	....
2. Gestern	erhielt	ich meinen	neuen Leseausweis	für dieses Jahr.
	....	....	....	....
3. In der	Bibliothek	liest morgen	ein bekannter	Kinderbuchautor.
....		....	....	....

Aufgabe E

Im Folgenden findest du einige Informationen zur Biografie Peter Härtlings. Setze die in Klammern stehenden Verben in der geforderten Zeitform in die Lücken. Der erste Satz ist ein Beispielsatz.

1. Peter Härtling wurde 1933 in Chemnitz geboren, wo sein Vater eine Rechtsanwaltskanzlei unterhielt. (*unterhalten* → Präteritum)

2. Einige Jahre später .... die Familie vor den Nazis. (*fliehen* → Präteritum).

3. Die Familie .... zunächst in Österreich eine neue Heimat. (*finden* → Präteritum)

4. Von 1946 bis 1951 .... Peter Härtling das Gymnasium .... (*besuchen* → Perfekt)

5. In den folgenden Jahren .... er bei verschiedenen Verlagen .... (*arbeiten* → Perfekt)

6. 1953 .... sein erstes Buch, ein Gedichtband. (*erscheinen* → Präteritum)

7. Seit 1974 .... Peter Härtling als freier Schriftsteller. (*leben* → Präsens)

8. Im Jahre 1976 .... er für das Kinderbuch „Oma" den Jugendbuchpreis. (*bekommen* → Präteritum)

9. 1983/84 .... der berühmte Autor Vorlesungen an der Universität Frankfurt. (*halten* → Präteritum)

10. Peter Härtling .... Mitglied vieler wichtiger Institutionen: z. B. der Akademie der Wissenschaften und der Literatur, der Akademie der Künste und der Akademie für Sprache und Dichtung. (*sein* → Präsens)

11. Zur Freude der Kinder und Erwachsenen .... der erfolgreiche

    Autor sicherlich noch viele weitere schöne Bücher ....

    (*schreiben* → Futur I)

Aufgabe F
Bestimme die markierten Attribute (z. B. Genitivattribut) und forme sie in eine Attributart deiner Wahl um.

1. ein <u>fleißiger</u> Leser – Bestimmung: ....

   Umformung: ....

2. ein Autor, <u>der sehr bekannt ist</u> – Bestimmung: ....

   Umformung: ....

3. das beste Buch <u>des Autors</u> – Bestimmung: ....

   Umformung: ....

4. ein Autor <u>aus Deutschland</u> – Bestimmung: ....

   Umformung: ....

Lösungen Seite II

Test II

1. Teil

Aufgabe A
Lies den Text „Vom Hexenglauben zur Walpurgisnacht" aus dem Internet. Beantworte danach die Fragen.

Vom Hexenglauben zur Walpurgisnacht

Unsere heutige Bezeichnung *Hexe* leitet sich vom althochdeutschen Wort *hagazussa* (Zaunweib) ab. Dieser Begriff wird etwa seit dem 16. Jahrhundert für Frauen verwendet, welche geheime Künste beherrschen bzw. Zauberkräfte besitzen. All ihre dämonischen[1] Fähigkeiten erhalten die Hexen angeblich durch einen Pakt mit dem Teufel.

In vorchristlicher Zeit gab es im Harzgebiet vermutlich noch keinen im Volk fest verankerten Glauben an Hexenwesen. Die Vorstellung von diesen mit dem Teufel verbündeten Frauen entstand wahrscheinlich erst in der Zeit des Hochmittelalters. Der ursprünglich noch recht diffuse Hexenglaube erhielt im Laufe der Zeit immer mehr Konturen. So wurde den Hexen anfangs nachgesagt, Krankheiten und Tod herbeiführen sowie materielle Schäden anrichten zu können.

Später, etwa im 16. Jahrhundert, kam die Vorstellung vom Hexensabbat hinzu. Bei dieser Feier in Form einer schwarzen Messe wurde der Teufel von den Hexen verehrt und christliche Symbole und Handlungen pervertiert[2]. Sexuelle Ausschweifungen, Schaden anrichtende Zauberei, obszöne Rituale[3] wie das Küssen des Gesäßes des Teufels, wilde Tänze, Kannibalismus und Kindermord gehörten zum Programm dieser nächtlichen Feste.

Die Anreise der Hexen zum Hexensabbat erfolgte durch die Luft. Dabei benutzten sie Besen, Mistgabeln oder Tiere als Fluggeräte, welche sie vorher ebenso wie sich selbst mit einer halluzinogenen[4] Hexensalbe einrieben. An bestimmten Orten sammelten sich die Hexen, um gemeinsam zu ihrer teuflischen Feier zu fliegen.

Das Fest selbst fand meist auf einem Berg – dem sogenannten „Blocksberg" – statt. Die Bezeichnung Blocksberg ist dabei kein Eigenname, sondern ein Synonym für den Handlungsort der Hexenfeier. Jede Region hat ihren eigenen Blocksberg.

Einer der wichtigsten Termine für diese Art von Hexenfest wurde die Nacht vom 30. April zum ersten Mai – die nach der Heiligen Walburga benannte Walpurgisnacht. Im Harz wurde der Brocken der Blocksberg, auf dem sich nachts die Hexen trafen, um den Teufel zu ehren und von ihm neue Zauberkräfte zu empfangen.

Weitere Informationen:
Allgemeines zur Walpurgisnacht | Hintergrund-Infos zur Walpurgisnacht | ursprünglicher Ort der Walpurgishandlung auf dem Wurmberg? | Der Harz und die Hexen | Dichterworte zur Walpurgisnacht | mystische Orte im Harz | Das Hexen-Einmaleins
http://www.harzlife.de/info/walpurgisnacht_hexenglauben.html

[1] *dämonisch: geisterhaft, teuflisch*
[2] *pervertieren: verfälschen, ins Negative verkehren*
[3] *obszöne Rituale: unanständige Zeremonien*
[4] *halluzinogen: die Sinne täuschend*

1. Erkläre, woher die heutige Bezeichnung *Hexe* kommt und was das Wort ursprünglich bedeutete.

....

....

2. Seit wann gibt es unter den Menschen des Harzgebietes wahrscheinlich den Glauben an Hexen?

....

3. Welche Fähigkeiten wurden den Hexen ursprünglich zugeschrieben?

....

....

....

....

....

....

....

4. Was bedeutet die folgende Aussage des Textes: „Der ursprünglich noch recht diffuse Hexenglaube erhielt im Laufe der Zeit immer mehr Konturen."? (Vgl. Z. 12 ff.) Kreuze die richtige Antwort an.

a) Der in früheren Zeiten sehr genaue, strenge und feste Glauben an Hexen wurde später immer unkonkreter. ☐
b) Der früher noch sehr weitschweifige Glaube an Hexen erhielt im Laufe der Zeit immer konkretere Umrisse. ☐
c) Die in vorchristlicher Zeit schon recht genaue Vorstellung von Hexen wurde im Laufe der Zeit noch konkreter. ☐

5. Was versteht man unter *Hexensabbat*. Erkläre diesen Begriff, indem du die Lücken in den Sätzen jeweils mit den folgenden Worten an passender Stelle ergänzt.

Blocksberg, Besen, Zusammentreffen, Walpurgisnacht, verehrt, Zauberkräfte, Feier, Handlungen, Mistgabeln, Hexensalbe, Tiere

Unter Hexensabbat versteht man ein .... der Hexen mit dem Teufel. Die Hexen kommen zu einem Ort, der .... genannt wird, immer angeflogen. Als Fluginstrumente nutzen sie ....,
.... und .... Diese Fluginstrumente und auch sich selbst haben sie mit .... eingerieben. Bei dieser nächtlichen .... wird der Teufel von den Hexen .... Dies geschieht durch fremdartig wirkende
...................................., wie sexuelle Ausschweifungen, wilde Tänze, Kannibalismus und Kindermord. Die Hexen erhalten bei dieser großen Feier vom Teufel neue
.... Der wichtigste Termin für diese Hexenfeiern ist die
....

Lösungen Seite II

6. Wann ist die sogenannte Walpurgisnacht und woher hat sie ihren Namen bekommen?

7. Erkläre genau, was der sogenannte Blocksberg ist.

8. Erläutere mit Hilfe des Textes, warum die Menschen in früheren Jahren an Hexen glaubten.

9. Unter welcher Internetadresse, welchen Links kannst du weitere Informationen zur Walpurgisnacht finden?

10. Erkläre die Redewendung: „Das ist keine Hexerei."

Lösungen Seite III

Aufgabe B

Du warst mit deinen Eltern zur Walpurgisnacht im Harz auf dem Hexentanzplatz bei Thale und hast das lustige Treiben dort miterlebt. Deine Mutter hat dir als Andenken eine Brockenhexe (vgl. Abbildung) gekauft, das typische Souvenir des Harzes. In einem Brief berichtest du einer Freundin von dem Ausflug und beschreibst ihr die Brockenhexe ganz genau.
Vervollständige den Brief. Achte auf den Briefkopf und den Abschluss des Briefes.

Lösungen Seite III

.... den ....

Liebe ....,

am letzten Wochenende war ich mit meinen Eltern im Harz. Dort feierte man gerade die Walpurgisnacht.
Auf dem Hexentanzplatz, der sich auf dem Brocken befindet, herrschte ein reges Treiben.
Wir trafen vieleMenschen, als Hexen verkleidet an, die wie wild durch die Gegend hüpften und um ein Feuer tanzten.
Diese Nacht war einfach toll!
Besonders gefreut habe ich mich darüber, dass meine Mutter mir eine Brockenhexe gekauft hat.

Aufgabe C

Zu dem Nomen/Substantiv *Sabbat*, dem Adjektiv *schwarz* und dem Verb *springen* findest du im Duden die folgenden Einträge. Erkläre, was die einzelnen Angaben und Hinweise für eine Bedeutung haben. Schreibe an die entsprechenden Linien.

Sab | bat, der; - s, -e (hebr., Ruhetag)

schwarz; schwärzer, schwärzes | te

sprin | gen; du springst; du sprangst; du sprängest; gesprungen; spring[e]!; etwas - lassen (*ugs. für* ausgeben)

Lösungen Seite III

Test II

2. Teil

Aufgabe A

Lies den folgenden Auszug aus dem Märchen „Hänsel und Gretel" von den Brüdern Grimm. Beantworte danach die Fragen zum Text.

Brüder Grimm: Hänsel und Gretel

[...] Nun war's schon der dritte Morgen, dass sie ihres Vaters Haus verlassen hatten. Sie fingen wieder an zu gehen, aber sie gerieten immer tiefer in den Wald, und wenn nicht bald Hilfe kam, so mussten sie verschmachten.

Als es Mittag war, sahen sie ein schönes schneeweißes Vöglein auf einem Ast sitzen, das sang so schön, dass sie stehenblieben und zuhörten. Und als es fertig war, schwang es seine Flügel und flog vor ihnen her, und sie gingen ihm nach, bis sie zu einem Häuschen gelangten, auf dessen Dach es sich setzte, und als sie ganz nah herankamen, so sahen sie, dass das Häuslein aus Brot gebaut war und mit Kuchen bedeckt; aber die Fenster waren von hellem Zucker. „Da wollen wir uns dranmachen", sprach Hänsel, „und eine gesegnete Mahlzeit halten. Ich will ein Stück vom Dach essen, Gretel, du kannst vom Fenster essen, das schmeckt süß." Hänsel reichte in die Höhe und brach sich ein wenig vom Dach ab, um zu versuchen, wie es schmeckte, und Gretel stellte sich an die Scheiben und knusperte dran. Da rief eine feine Stimme aus der Stube heraus:

„Knusper, knusper, kneischen,
Wer knuspert an meinem Häuschen?"

Die Kinder antworteten:

„Der Wind, der Wind,
Das himmlische Kind",

und aßen weiter, ohne sich irre machen zu lassen. Hänsel, dem das Dach sehr gut schmeckte, riss sich ein großes Stück davon herunter, und Gretel stieß eine ganze runde Fensterscheibe heraus, setzte sich nieder und tat sich wohl damit.

Da ging auf einmal die Türe auf, und eine steinalte Frau, die sich auf eine Krücke stützte, kam herausgeschlichen. Hänsel und Gretel erschraken so gewaltig, dass sie fallen ließen, was sie in den Händen hielten. Die Alte aber wackelte mit dem Kopfe und sprach: „Ei, ihr lieben Kinder, wer hat euch hierher gebracht? Kommt nur herein und bleibt bei mir, es geschieht euch kein Leid." Sie fasste beide an der Hand und führte sie in ihr Häuschen. Da ward gutes Essen aufgetragen, Milch und Pfannekuchen mit Zucker, Apfel und Nüsse. Hernach wurden zwei schöne Bettlein weiß gedeckt, und Hänsel und Gretel legten sich hinein und meinten, sie wären im Himmel.

Die Alte hatte sich nur so freundlich angestellt, sie war aber eine böse Hexe, die den Kindern auflauerte, und hatte das Brothäuslein bloß gebaut, um sie herbeizulocken. Wenn eins in ihre Gewalt kam, so machte sie es tot, kochte es und aß es, und das war ihr Festtag. Die Hexen haben rote Augen und können nicht weit sehen, aber sie haben eine feine Witterung, wie Tiere, und merken's, wenn Menschen herankommen. Als Hänsel und Gretel in ihre Nähe kamen, da lachte sie boshaft und sprach höhnisch: „Die habe ich, die sollen mir nicht entwischen." [...]

1. Wie lange sind Hänsel und Gretel schon von zu Hause fort, als sie das Zuckerhäuschen entdecken?

....

2. Im Text heißt es, dass Hänsel und Gretel ohne Hilfe „verschmachten" (vgl. Z. 3) müssten. Was ist damit gemeint? Kreuze die richtige Antwort an.

a) sich endgültig verlaufen ☐
b) verhungern und verdursten ☐
c) sich zu Tode schämen ☐
d) sich tödlich langweilen ☐

Lösungen Seite III

3. Wie gelangen Hänsel und Gretel zum Hexenhäuschen? Erkläre es in deinen eigenen Worten.

4. Beschreibe kurz, woraus das Häuschen besteht und wie es „gebaut“ ist.

5. Erkläre, warum die Kinder auf die Frage der Hexe, wer an ihrem Häuschen knuspert, „Der Wind, der Wind [...]“ (vgl. Z. 26) antworten.

6. Erkläre den Ausdruck „Hänsel und Gretel [...] meinten, sie wären im Himmel“ (vgl. Z. 45) mit deinen eigenen Worten.

7. Nenne drei körperliche Merkmale der Hexe.

Lösungen Seite III

Lösungen

Test I

1. Teil

Aufgabe A

1. an Preisausschreiben teilnehmen

2. knallgelber Sturzhelm

3. Oma beteiligt sich schon jahrelang an Preisausschreiben, hat bisher nichts bekommen; Kalle hat gerade damit angefangen und gleich gewonnen; das ärgert sie.

4. richtig ist: c)

5. richtig ist: d)

6. Oma ist über den Gewinn nicht glücklich, weil sie als alte Frau Angst vorm Fliegen hat. Sie möchte lieber einen anderen Preis haben, der ihrem Alter angemessen ist.

7. richtig ist: b)

8. Die Oma ist ungehalten: Sie herrscht und schreit Kalle wegen Kleinigkeiten an (vgl. „Bin ich geisteskrank? schrie Oma"). Damit verhält sich die Oma unhöflich (sie lässt ihre schlechte Laune an Kalle aus). Sie versucht außerdem nicht, Kalle zu verstehen (Kalle möchte der Oma klarmachen, dass die Firma gar nicht wissen kann, dass sie schon älter ist, und sucht nach einem Ausweg), und geht auch nicht auf der sachlichen Ebene auf das Gespräch mit ihm ein.

9. Kalle will an die Firma schreiben, die den Preis vergibt, damit sie der Oma einen anderen Preis (Ersatzpreis) zukommen lässt, der geeigneter für eine alte Frau ist. – Wichtig ist, dass du den Plan von Kalle bewertest (gute/schlechte Idee) und deine Meinung begründest (z. B. der Plan hat wahrscheinlich Erfolg/wohl keinen Erfolg).

10. Kalle: verständnisvoll sein; Oma: neidisch sein

11. richtig ist: b)

12. richtig sind: c), d)

Aufgabe B

1. Der linke Teil zeigt einen älteren Herd, auf dem die Oma sicherlich kocht. Zu sehen ist eine große Herdplatte, auf der ein Topf steht und eine Kaffeekanne mit einem Kaffeefilter obendrauf. Man erkennt außerdem die Ofentür des Kohleofens, über den der Herd angeheizt wird. Im Hintergrund sind Topflappen aufgehängt. Der rechte Teil zeigt die Küchentür. Zu sehen ist der mittlere Teil der Tür mit der Türklinke und dem Schloss, in dem ein Schlüssel steckt. An der Tür ist ein Stück eines Posters zu erkennen, auf dem eine Fußballmannschaft abgebildet ist.

2. Auf dem Bucheinband im Vordergrund sind die Hände von zwei Personen zu sehen, die durch Händedruck fest verbunden sind. Die Hand links im Bild ist die rechte Hand einer Person und zeigt mit dem Handrücken zum Betrachter. Die rechts im Vordergrund des Bucheinbands sichtbare Hand ist die rechte Hand der anderen Person. Sie ist z. T. mit der Handunterseite für den Betrachter sichtbar. Außerdem sind noch die Bündchen der Kleidungsstücke und ein ganz kleiner Teil der Ärmel erkennbar. Die Person links im Bild trägt offensichtlich eine Bluse, die Person rechts im Bild hat sicherlich einen Pullover oder eine Art Sweatshirt an.

3. a) Der rechte Teil steht für Kalle (und seine Fußballleidenschaft); b) Der linke Teil steht für die Oma (und ihr Bemühen um den Haushalt/das Kochen); c) Durch den Vordergrund wird sichtbar, dass sich die beiden gut vertragen, dass sie gut miteinander auskommen.

Aufgabe C

Folgende Punkte solltest du <u>inhaltlich</u> berücksichtigt haben: Oma hat Nachricht über den Preis erhalten; Freude über Gewinn an sich, da sie sich ständig an Preisausschreiben beteiligt; aber: Enttäuschung über diesen Preis (Freiflugschein), da Oma alt ist und Angst vor dem Fliegen hat; Bitte um „Umtausch" des Gewinnes in eine Art Ersatzpreis, der für ältere Frau geeignet ist, über den sie sich wirklich freuen kann, z. B.: Einkaufsgutschein, Gutschein für Reise/Hotel o. Ä. – Folgende Punkte solltest du mit Blick auf die <u>äußere Form</u> berücksichtigt haben: Anredeformel (z. B. Sehr geehrte Preisverleiher, Sehr geehrte Damen und Herren), entsprechender Briefabschluss (z. B. Vielen Dank im Voraus, Vielen Dank für Ihre Bemühungen, Mit freundlichen Grüßen), Großschreibung der Anredepronomen *Sie, Ihr(e)*, höfliche Schreibweise, Richtigkeit von Orthografie und Grammatik

Aufgabe D
Nach|ba|rin, Preis|aus|schrei|ben, Zei|tun|gen, Lö|sun|gen, Pa|ket, Sturz|helm, Mün|chen, da|chte, wüss|ten, un|ter|schrifts|be|rech|tigt, geis|tes|krank, Ängs|te, ent|täuscht, Ha|ken, be|frei|en, Oma (keine Trennung möglich), ers|ten, hängt (keine Trennung möglich)

Test I

2. Teil

Aufgabe A
„Ich glaube, die haben mich beschummelt", sagte sie. „So schnell kann das gar nicht gehen", erklärte Kalle, „die brauchen doch Zeit, die Karte zu bestellen."
„Ich will die Karte gar nicht", rief Oma.
„Das können die doch gar nicht wissen", sagte Kalle.
„Unsinn" – Oma war immer zornig, wenn sie über ihren Preis sprach – „die wissen doch, dass man einer alten Frau nicht gerade einen Rundflug anbieten kann."

Aufgabe B
1. Montag, Dienstag, Donnerstag, Freitag, Samstag

2. 4 Wochen

3. richtig sind: a), e), f), g)

4. Du kannst das Buch nicht verlängern lassen, wenn eine Vorbestellung vorliegt, d. h. wenn ein anderer Benutzer der Bibliothek das Buch auch ausleihen möchte und sich bereits dafür hat vormerken lassen.

5. Literatur, die nicht im Bestand dieser Bibliothek ist, wird von der Bibliothek über Fernleihe aus anderen Bibliotheken beschafft (pro Bestellung EUR 1,50 und bei positiver Erledigung nochmals EUR 1,50).

Aufgabe C
Beispiele für Wörter zur Wortfamilie *ausleihen* sind: leihen, verleihen, leihbar, ausleihbar, leihweise, Leihhaus, Ausleihe, Bibliotheksausleihe, Ausleihbibliothek, Ausleiher, Fernleihe, Ausleihtage, Ausleihzeiten, Ausleihschein, Ausleihende, Ausleihfrist …

Aufgabe D
1. Schüler = Nomen/Substantiv, fleißige = Adjektiv, der = Artikel, in = Präposition

2. erhielt = Verb, ich = Pronomen/Personalpronomen, neuen = Adjektiv, für = Präposition

3. liest = Verb, morgen (= Adverb), ein = (unbestimmter) Artikel, Kinderbuchautor = Nomen/Substantiv

Aufgabe E
2. floh; 3. fand; 4. hat besucht; 5. hat gearbeitet; 6. erschien; 7. lebt; 8. bekam; 9. hielt; 10. ist; 11. wird schreiben

Aufgabe F
1. Adjektiv-Attribut; Umformung z. B.: ein Leser, der fleißig liest/Bücher ausleiht

2. Nebensatz/Relativsatz; Umformung z. B.: ein sehr bekannter Autor

3. Genitiv-Attribut; Umformung z. B.: das beste Buch, das der Autor geschrieben hat

4. präpositionales Attribut; Umformung z. B.: ein aus Deutschland stammender Autor

Test II

1. Teil

Aufgabe A
1. *Hexe* kommt aus dem Althochdeutschen (vom Wort *hagazussa*), ursprüngliche Bedeutung: Zaunweib

2. wahrscheinlich seit dem Hochmittelalter (oder: 16. Jahrhundert)

3. beherrschen geheime Künste, besitzen Zauberkräfte, können Krankheiten und Tod herbeiführen, materielle Schäden anrichten

4. richtig ist: b)

5. der Reihe nach müssen eingesetzt werden: Zusammentreffen; Blocksberg; Besen, Mistgabeln, Tiere (Reihenfolge egal); Hexensalbe; Feier; verehrt; Handlungen; Zauberkräfte; Walpurgisnacht

6. Nacht vom 30. April zum 1. Mai, von der Heiligen Walburga

7. ist der Ort (ein Berg), wo die Hexenfeiern stattfinden, kein bestimmter Berg, sondern jede Region hat ihren eigenen Blocksberg

8. Menschen konnten sich z. B. das Entstehen von Krankheiten, Tod, materiellen Schäden u. Ä. wissenschaftlich nicht erklären; viele Zusammenhänge in Natur (und auch Gesellschaft) waren für diese einfachen Menschen nicht zu durchdringen; deshalb übten Hexen mit angeblichen Zauberkräften auf sie eine Anziehung aus.

9. direkt zur Walpurgisnacht unter: Internetadresse: http://www.harzlife.de/info/walpurgisnacht_hexenglauben.html – Links: Allgemeines zur Walpurgisnacht, Hintergrund-Infos zur Walpurgisnacht, ursprünglicher Ort der Walpurgisnacht auf dem Wurmberg?, Dichterworte zur Walpurgisnacht

10. Die Handlung, auf die sich die Redewendung bezieht, bedeutet, dass man diese Tätigkeit bei einiger Anstrengung und Bedachtheit durchaus ausführen kann. Es sind keine „Zauberkräfte von Hexen" dafür nötig.

Aufgabe B
Folgende Punkte solltest du inhaltlich berücksichtigt haben: Art des Gegenstandes (Brockenhexe), dessen Funktion (Souvenir aus dem Harz), grobe äußere Form (Hexe, die auf Besen reitet), Größe (...), Material (Stoffhexe, Besen aus Holz mit Borsten aus Reisig), Einzelteile, deren Anordnung und detaillierte Beschreibung (Aussehen, Material, Farbe); Einhalten einer bestimmten Reihenfolge bei Beschreibung der Einzelteile, am besten von oben nach unten gehend; deine Gegenstandsbeschreibung sollte dabei genau und anschaulich sein (treffende Wortwahl, Vergleiche). – Folgende Punkte solltest du mit Blick auf die äußere Form berücksichtigt haben: Ort, Datum, entsprechende Anrede am Anfang (z. B. Liebe, Hallo), Briefabschluss (z. B. Herzliche Grüße von deiner ..., Es grüßt dich ..., Tschüss), Anredepronomen (du), höfliche Schreibweise, Richtigkeit von Orthografie und Grammatik

Aufgabe C
Sab|bat – Trennung, **der** – Artikel/männlich, **-s** – Genitiv Singular → des Sabbats, **-e** – Nominativ Plural → die Sabbate, **(hebr. Ruhetag)** – Wort kommt aus dem Hebräischen, heißt „Ruhetag"
schwärzer – Komparativ, **schwärzes|te** – Superlativ (mit Kennzeichnung möglicher Trennung)
du sprangst – 2. Person Präteritum; **du sprängest** – 2. Person Präteritum Konjunktiv; **gesprungen** – Partizip II; **springe oder spring** – Imperativ/Befehlsform; **etwas – lassen** – etwas springen lassen; ***(ugs. für* ausgeben)** – „etwas springen lassen" bedeutet in der Umgangssprache etwas ausgeben

Test II

2. Teil

Aufgabe A
1. seit drei Tagen

2. richtig ist: b)

3. Im Wald sehen sie ein Vöglein, das sehr schön singt und dem sie zuhören. Schließlich fliegt das Vöglein los und Hänsel und Gretel laufen ihm nach. Nach einiger Zeit setzt sich das Vöglein auf das Dach des Häuschens.

4. Das Häuschen besteht aus Brot, auf dem Dach liegt Kuchen und die (runden) Fenster bestehen aus Zucker.

5. Die Kinder möchten unentdeckt bleiben und weiteressen. Sie hoffen, dass die Hexe glaubt, dass wirklich der Wind die Geräusche verursacht, die eigentlich vom Essen und dem Abbrechen der Nahrung kommen.

6. Der Ausdruck bedeutet hier, dass sie sich so wohl und glücklich fühlten, wie man sich eigentlich nur im Himmel (d.h. im Paradies) fühlen kann.

7. Hexe ist: steinalt, gehbehindert (stützt sich auf eine Krücke), hat rote Augen und sieht nicht weit, hat wie Tiere eine feine Witterung

8. Beispiele: Textstelle: hatte das Brothäuslein bloß gebaut, um sie herbeizulocken → hinterlistig, schlau, falsch; Textstelle: so machte sie es tot → brutal, gewalttätig, roh

Aufgabe B
1. Die Hexe hatte mit ihrem grausamen Plan, mit dem tollen Zuckerhäuschen Kinder anzulocken, schon vielfachen Erfolg gehabt.

2. dass (unterordnend), aber (nebenordnend), und (nebenordnend), wenn (unterordnend)

3. **Nahrung/Essen**: Brot, Pfannekuchen ...
Tageszeiten: Morgen, Mittag ...
Körperteile: Hand, Kopf ...

4. weitere Wörter sind z. B.: knabbern, speisen, mampfen, frühstücken, vespern, fressen, verschlingen, naschen, vertilgen, dinieren, spachteln ...

5. a) weit/fern; b) dunkel; c) sauer/bitter; d) lebendig

6. köstlich, ausgezeichnet, wunderbar, herrlich, ganz toll, fantastisch ...

Aufgabe C
Jacob und Wilhem Grimm haben nicht nur Märchen gesammelt, sondern sie waren im 19. Jahrhundert auch bedeutende Sprachwissenschaftler. So haben die beiden Brüder nicht nur die Geschichte der Sprache erforscht, sondern auch ein bedeutendes Wörterbuch begonnen, an dem mehr als 100 Jahre nach ihrem Tod weitergearbeitet worden ist.

Aufgabe D
Die Lücken müssen in den einzelnen Sätzen wie folgt ausgefüllt sein: 1. Das, das, das, das; 2. Dass, das; 3. das, dass; 4. dass

Test III

1. Teil

Aufgabe A
1. Zuordnung der Abschnitte in folgender Reihenfolge: 5, 2, 1, 3, 4

2. Ursachen: Witterung (z. B. extrem heiße Sommer); Schädlinge; Luftverunreinigungen, die stark zunehmen (durch Fabriken, Autos, Kraftwerke)

3.

4. Im Jahre 2003 war in Mitteleuropa ein extrem heißer und trockener Sommer, der sich auf das Folgejahr 2004 mit erhöhtem Waldsterben auswirkte.

5. „Waldsterben" oder inhaltlich ähnliche Überschrift

6. richtig sind: c), e)

7. Die beiden Diagramme zeigen für Fichten bzw. Buchen, wie sich in Deutschland zum Vergleich mit Europa die mittlere Kronenverlichtung in den Jahren von 1990 bis 2005 verändert hat. Auffällig ist dabei, dass die Fichte in Deutschland eine deutlich geringere, die Buche dagegen eine deutlich höhere Verlichtung als in Europa aufweist. Insgesamt ist die Fichte in Europa stärker bedroht als die Buche. – Wichtig ist hier, dass du die Diagramme inhaltlich zusammenfasst und nicht auf alle Details eingehst.

8. Baumsterben erkennt man schon frühzeitig daran, dass die Bäume ihre Nadeln bzw. Blätter verlieren, d. h. ihre Krone wird lichter/lichtdurchlässiger (daher der Begriff Kronenverlichtung). Bei kranken Fichten und Tannen, deren Nadeln im Normalfall ca. sieben

bis zehn Jahre am Baum bleiben, wird die Krone langsam von innen her lichter und schließlich kahl, weil ein Nadeljahrgang nach dem anderen abfällt.

9. richtig sind: a), b), c)

10. Wichtig ist hier vor allem, dass du deine Meinung deutlich machst und sie begründest, z. B.: Das ist eine sehr gute Maßnahme, die nachahmenswert ist. Öffentliche Verkehrsmittel fahren sowieso. Durch die Nichtbenutzung des privaten Kraftfahrzeugs werden weniger Abgase freigesetzt, wodurch auch die Luft etwas weniger mit Schadstoffen angereichert wird. Wenn viele Familien so denken würden und von solchen Maßnahmen mehr Gebrauch machen, könnte sich das bald positiv auf die Natur und die Erhaltung der Bäume auswirken.

Aufgabe B

1. Durch die Luftverunreinigungen werden unsere Bäume sehr belastet.

2. Die Firmen bauen in ihre Schornsteine Filteranlagen ein, damit der Schadstoffausstoß geringer ist.

3. Aber auch die Abgase der Autos und die Abluft aus den Heizungsanlagen der Häuser sind schädlich für die Bäume.

4. Die Fahrzeughersteller wissen dies, deshalb stellen sie umweltfreundliche Autos her.

5. Was tust du für den Schutz der Bäume und Wälder?

6. Helft alle beim Schutz der Wälder!

Aufgabe C

Satz 1: Aussagesatz;
Satz 5: Fragesatz;
Satz 6: Ausrufesatz

Aufgabe D

b) moderne Heizungen: modern – moderner – am modernsten;
c) gesunde Wälder: gesund – gesünder – am gesündesten;
d) gute Filteranlagen: gut – besser – am besten

Aufgabe E

Infinitiv	3. Person Präteritum	Partizip II
säubern	säuberte	gesäubert
verbinden	verband	verbunden
düngen	düngte	gedüngt
sterben	starb	gestorben
enthalten	enthielt	enthalten
auswirken	auswirkte	ausgewirkt
liefern	lieferte	geliefert
verpflanzen	verpflanzte	verpflanzt
entwickeln	entwickelte	entwickelt

Test III

2. Teil

Aufgabe A

1. richtig sind: b), d)

2.

Vergleichsmerkmale	E. Roth: Der Baum	W. H. Fritz: Bäume
Anzahl der Strophen	1	1
Anzahl der Verse	4	13
Anzahl der Sätze	2	3
Reim	Paarreim (aa bb)	reimlos

3. Bäume wachsen sehr langsam. Bis ein Baum wirklich groß gewachsen ist, benötigt er ca. 100 Jahre. Das sollte man unbedingt bedenken, bevor man Bäume fällt, denn sie sind nicht so schnell wieder zu ersetzen. Es wird aufgerufen, Bäume zu schützen, möglichst nicht zu fällen.

4. richtig sind: b), c)

5. Ein Baum symbolisiert Leben (auch Stärke). Der gepflanzte Baum kann angesehen werden für: „Hier habe ich gelebt und die Welt mit meinem Leben bereichert." oder „Hier habe ich gelebt, erinnert euch an mich."

6. zutreffend sind: a), c), d), e)

7. Begründung zu d): Am Ende der 2. Zeile sollte man eine etwas längere Redepause machen (zutreffend), da hier der Satz zu Ende ist.
Begründung zu e): Die Längsstriche verdeutlichen (zutreffende) kürzere Redepausen; hier steht jeweils ein Komma und Kommata verdeutlichen kürzere Redepausen.

8. Zu fällen eínen schónen Baúm, – Metrum: Jambus (unbetont, betont)

Aufgabe B

Bildergeschichte: Folgende Punkte solltest du inhaltlich berücksichtigt haben: deutliche Gliederung in Einleitung, Hauptteil und Schluss; am Anfang: Vorstellen der Haupthandlungsträger und Verdeutlichung der Ausgangssituation; Beachtung der Reihenfolge der Handlungsschritte/der Bildfolge; spannender Handlungsaufbau (Sichtbarmachen des Konflikts)
Folgende Punkte solltest du sprachlich berücksichtigt haben: anschauliches, spannendes und lebendiges Erzählen durch wörtliche Rede zwischen den Figuren bzw. durch Monologe einer Figur, durch das Darstellen von Gedanken und Gefühlen der Handlungsträger, durch abwechslungsreiche, treffende Wortwahl, durch geeignete Satzverknüpfungen, durch die Einhaltung orthografischer und grammatikalischer Normen.

Aufgabe C

Nominativ	der Baum	die Wurzel	das Waldsterben	die Forstleute
Genitiv	des Baumes	der Wurzel	des Waldsterbens	der Forstleute
Dativ	dem Baum	der Wurzel	dem Waldsterben	den Forstleuten
Akkusativ	den Baum	die Wurzel	das Waldsterben	die Forstleute

Test IV

1. Teil

Aufgabe A

1. 85 Ameisenarten

2. Tätigkeiten der Arbeiterinnen: Nestbau, Sauberhalten des Nestes, Brutpflege, Verteidigung des Nestes, Nahrungsversorgung
Tätigkeiten der Drohnen: Befruchtung, Begattung
Tätigkeiten der Königin: Eierlegen, Hochzeitsflug, Samenaufnahme

3. Das bedeutet, dass die Ameisen immer in einer großen Gemeinschaft zusammenleben, in einem sogenannten Staat. In dieser Gemeinschaft hat jede Ameise in ihrem Leben eine ganz bestimmte, streng umrissene Aufgabe zu erfüllen, die für die Gemeinschaft und sie selbst ganz wichtig ist. Es herrscht also eine Arbeitsteilung vor. Insofern sind Ameisen allein, also als Einzeltier, nicht lebensfähig.

4. richtig ist: c)

5. Diese gleichmäßige Temperatur von mindestens 25 Grad Celsius muss gegeben sein, weil sich ansonsten die Brut nicht entwickeln kann. Um aus Eiern Nachzucht heranzuziehen, ist immer Wärme nötig (vgl. das Ausbrüten von Vogeleiern).

6. 1. Hochzeitsflug
   2. Begattung
   3. Aufnahme des männlichen Samens
   4. Aufbewahren des Samenpakets
   5. Rückkehr in ihr Nest
   6. Abfallen der Flügel
   7. Eierlegen
   8. Tod

7. Diese Drahtgestelle sind angebracht worden, um die Ameisenhaufen bewusst vor Zerstörungen zu schützen, da Ameisen besonders nützlich sind und unter Naturschutz stehen. Sie helfen den Forstleuten bei der Bekämpfung von Schädlingen, indem die Ameisen sie vertilgen. Außerdem reinigen sie den Wald auch von toten und verwesenden Tieren, die sie ebenfalls als Nahrung aufnehmen.

Aufgabe B

z. B. Ameisenhaufen, Ameisenbau, Ameisenkönigin, Ameisenschutz, Ameisenstaat, Ameisenvolk, Ameisennahrung, Ameisenspeichel, Ameisenpuppe, Ameisenlarve, Ameisenkönigin, Ameisenarten, Ameisenverbreitung …

Aufgabe C

z. B. Waldameisen, Feuerameisen, Blattschneideameisen …

Aufgabe D

Subjekte: 4, 7, 8, 12
Prädikat: 11
Dativobjekte: 10, 13
Akkusativobjekt: 2
Adverbialbestimmungen des Ortes: 1, 5
Adverbialbestimmung der Zeit: 6
Adverbialbestimmung des Grundes: 3
Adverbialbestimmung der Art und Weise: 9

Aufgabe E

1. Die Arbeiterinnen speicheln die Ameiseneier ein und kleben sie zu Klumpen zusammen, damit (sodass, weil) sie sich so besser transportieren lassen.

2. Die aus den Eiern geschlüpften winzigen Larven haben keine Beine, deshalb (insofern) müssen sie von den Arbeiterinnen versorgt werden. Oder: Die aus den Eiern geschlüpften winzigen Larven haben keine Beine, sodass sie von den Arbeiterinnen versorgt werden müssen.

3. Die Larven wachsen schnell heran, sodass ihre Haut aufplatzt. Oder: Die Larven wachsenschnell heran, deshalb platzt ihre Haut auf.

Test IV

2. Teil

Aufgabe A

1. Grille: singen, bitten, jammern, zurückzahlen, gehen
Ameise: Getreidekörner sammeln, sagen, fragen, antworten, etwas leihen

2. richtig sind: b), g)

3. Textsorte: Fabel; Begründung: Tiere handeln, sprechen, denken wie Menschen; bestimmte Tiere haben typische Eigenschaften; eine Lehre wird erteilt

4. richtig ist: b)

5. Ameise: fleißig, geizig;
Grille: will andere erfreuen, talentiert

6. Wenn man in bestimmten Situationen nicht vorgesorgt hat, muss man mit den Folgen leben.

Aufgabe B

Folgende Punkte solltest du inhaltlich berücksichtigt haben: am Beginn Benennen des Vorgangs, Aufzählen der benötigten Hilfsmittel bzw. Zutaten; Gliederung des Gesamtvorgangs in entsprechende Teilvorgänge (dementsprechende Absatzgliederung); detailliertes Darstellen der auszuführenden Teilvorgänge, sodass sie nachvollziehbar sind – Folgende Aspekte solltest du sprachlich berücksichtigt haben: Verwendung der Zeitform Präsens; geeignete Satzverknüpfungen; Verwendung von Gliederungswörtern, um den Vorgang nachvollziehbar und einleuchtend darzustellen; Verwendung der unpersönlichen Ausdrucksweise; Einhaltung orthografischer und grammatikalischer Normen

Aufgabe C

Der Kuchen wird von der Mutter gebacken. (Präsens)
Der Kuchen war gestern von der Mutter für die Feier gebacken worden. (Plusquamperfekt)
Morgen wird der Geburtstagskuchen von der Mutter gebacken werden. (Futur I)

Aufgabe D

1. Achte auf die Backzeit! Oder: Achten Sie auf die Backzeit!

2. Heize den Backofen vor! Oder: Heizen Sie den Backofen vor!

3. Sollte der Kuchen eine Stunde backen?

4. Muss die Backtemperatur in einem Heißluftherd 150 Grad Celsius betragen?

Aufgabe E

das schnelle Auskühlen des Kuchens, das Goldgelb des gebackenen Kuchens, das geschlagene Eiweiß, das Schaumigrühren der flüssigen Teigmasse, die bereitgestellten Zutaten, das Abmischen und Einrühren der Zutaten, das langsame Einlaufenlassen des Öls, das Vorbereiten der Backform, das gleichmäßige Bestreuen des fertigen Kuchens mit weißem Puderzucker, das Abmessen der Zutaten mit einem Esslöffel, das vorsichtige Trennen von Eiweiß und Eidotter, das Backen mit einem Heißluftherd, das mäßige Verwenden von Schokoraspeln, der fertige Kuchen

Aufgabe F

a) Adverbialsatz der Zeit
b) Adverbialsatz des Zwecks
c) Objektsatz
d) Adverbialsatz des Grundes

8. Charakterisiere die alte Hexe. Schreibe dazu zwei aussagekräftige Textstellen wörtlich heraus und leite daraus Charaktereigenschaften ab. Fülle die Tabelle aus.

Textstellen, die auf Charaktereigenschaften hinweisen	**daraus abgeleitete Charaktereigenschaften**

Aufgabe B

1. Setze in dem Satz die fehlenden Flexionsendungen ein.

Die Hexe hatte mit ihr........ grausam........ Plan, mit dem toll........ Zuckerhäuschen Kinder anzulocken, schon vielfach........ Erfolg gehabt.

2. Schreibe aus dem folgenden Abschnitt aus „Hänsel und Gretel" (vgl. Z. 1–5) alle Konjunktionen heraus und bestimme jeweils, ob es sich um neben- oder unterordnende Konjunktionen handelt.

Nun war's schon der dritte Morgen, dass sie ihres Vaters Haus verlassen hatten. Sie fingen wieder an zu gehen, aber sie gerieten immer tiefer in den Wald, und wenn nicht bald Hilfe kam, so mussten sie verschmachten.

....

....

3. Nenne zu den folgenden Wörtern jeweils den Oberbegriff. Schreibe ihn in die Tabelle.

Oberbegriff			
Unterbegriffe	Brot, Pfannekuchen, Zucker, Milch …	Morgen, Mittag …	Hand, Kopf, Augen …

4. Im Text kommen einige Wörter aus dem Wortfeld *essen* vor (essen, knuspern, Mahlzeit halten, sich wohl tun). Ergänze das Wortfeld um acht weitere Ausdrücke.

....

....

....

5. Nenne zu den vier Wörtern aus dem Text jeweils das Antonym.

a) nah (Z. 12): .... b) hell (Z. 14): ....

c) süß (Z. 18): .... d) tot (Z. 50): ....

6. Nenne zu dem markierten Ausdruck vier synonyme Wörter bzw. Ausdrücke.

sehr gut schmeckte (Z. 29): ....

....

Aufgabe C

Markiere die sieben falsch geschriebenen Wörter in dem Text (linke Spalte) und schreibe sie richtig auf die Linien der rechten Spalte.

Text	Korrekturspalte
Jacob und Wilhem Grimm haben nicht nur Mär-	....
chen gesamelt, sondern sie wahren im 19. Jahr-	....
hundert auch bedeutende Sprachwissenschaft-	....
ler. So haben die beiten Brüder nicht nur die	....
geschichte der Sprache ervorscht, sondern auch	....
ein bedeutendes Wörterbuch begonnen, an	....
den mehr als 100 Jahre nach ihrem Tot weiter-	....
gearbeitet worden ist.	....

Aufgabe D

Setze in die Lücken *das* oder *dass* korrekt ein.

1. .... Buch über Hexen, ... du mir neulich ausgeliehen hast, war .... interessanteste, ... ich über den Hexenglauben bisher gelesen habe.

2. .... besonders im Mittelalter viele Frauen als Hexen verfolgt wurden, ... wird darin sehr eindrucksvoll dargestellt.

3. Waren solche Frauen erst einmal aufgefallen, führte .... oft dazu, ... sie verfolgt wurden.

4. In dem Buch sind viele Abbildungen enthalten, so .... man sich gut in die Situation der angeblichen Hexen hineinversetzen kann.

Lösungen Seite IV

Test III

1. Teil

Aufgabe A
Lies den folgenden Text und schau dir die Diagramme an. Beantworte anschließend die Fragen.

Abschnitt 1
Wie alle anderen Lebewesen werden auch Bäume krank. Seit Ende der siebziger Jahre machte ein Schreckenswort die Runde: das Wort „Waldsterben". Nicht einzelne Bäume, sondern ganze Wälder litten plötzlich unter einer unerklärlichen Seuche. Zuerst traf es die Nadelbäume, später auch die Laubbäume. Zum Kummer der Forstleute griff die Waldkrankheit immer weiter um sich. Die Ursachen waren und sind vielfältig und miteinander verwoben. Neben der Witterung zählen dazu auch Schädlinge und Luftverunreinigungen. Die Bedeutung dieser Ursachen unterscheidet sich je nach Baumart, Region und Standort. Die Hauptschuld für das Waldsterben trägt jedoch der Mensch. Dies erklärt sich folgendermaßen.

Abschnitt 2
Mit dem wirtschaftlichen Erfolg und dem Wohlstand der Industrieländer nahm auch die Luftverschmutzung zu, die von Fabriken, Autos, Kraftwerken und privaten Haushalten herrührt. Die Schadstoffe vervielfachten sich in wenigen Jahrzehnten. Hohe Schornsteine bei Industriewerken sollten Abhilfe schaffen – doch sie verfrachteten Staub und Schmutz, der sich mit dem Sauerstoff in der Luft zu Schwefeldioxid verbindet, nur weiter weg in die grünen Bergwälder. Das Schwefeldioxid in der Luft verbindet sich mit Feuchtigkeit zu Schwefelsäure. Im Wasser, das vom Himmel herabregnet, kehrt das Unheil schließlich auf die Erde zurück – mit dem „sauren Regen". Er ist die wichtigste Ursache für das europaweit zu beobachtende Waldsterben, meinen die Experten.

Abschnitt 3
Um der neuen Waldkrankheit auf die Spur zu kommen, haben Wissenschaftler aus zahlreichen Ländern angestrengt gearbeitet. Ihre Forschungen lieferten erschreckende Ergebnisse. Der Regen versauert den Waldboden. Dadurch werden die Feinwurzeln geschädigt und sie können nicht mehr wie gewohnt Wasser und Nährstoffe aufnehmen. Der saure Regen löst die Wachsschicht der Blätter auf, die dann langsam absterben. Mit der Zeit verliert der Baum immer mehr Feuchtigkeit, bis er verdorrt. Besonders trockene und warme Jahre beschleunigen diesen Prozess. So trug der in Mitteleuropa extrem heiße und trockene Sommer des Jahres 2003 zu einer größeren Schädigung der europäischen Wälder im Folgejahr 2004 bei.

Abschnitt 4
Bäume sterben langsam. Wer aber einen Blick für Bäume hat, erkennt ihr Leiden schon früh. Fichten und Tannen, deren Nadeln normalerweise 7 bis 10 Jahre am Baum bleiben, werden von innen her langsam kahl. Ein Nadeljahrgang nach dem anderen fällt ab. Die Krone wird immer lichter. Kranke Laubbäume verlieren ebenso ihre Blätter, oft reißt die Rinde auf.

Abschnitt 5
Was immer die Forstleute tun können, um das Waldsterben aufzuhalten – sie versuchen es. Mit großen Maschinen blasen sie Kalk zwischen die Bäume, um die Säure zu mildern, die sich im Waldboden angereichert hat. Sie pflanzen widerstandsfähige Bäume, so genannte „rauchharte" Gehölze, wie Lärche, Ahorn oder Rotbuche, an die Stelle von Kiefern und Fichten. Die heute noch überall verbreiteten Monokulturen aus Nadelbäumen wollen sie langsam durch artenreiche Mischwälder ersetzen. Solche Wälder, die ihrer Natur nach eigentlich in unsere Landschaften gehören, bieten auch den natürlichen Feinden der Schädlinge wieder Platz. Doch Rettung wird es nur geben, wenn das Übel an der Wurzel gepackt und die Verschmutzung der Luft gebremst wird.

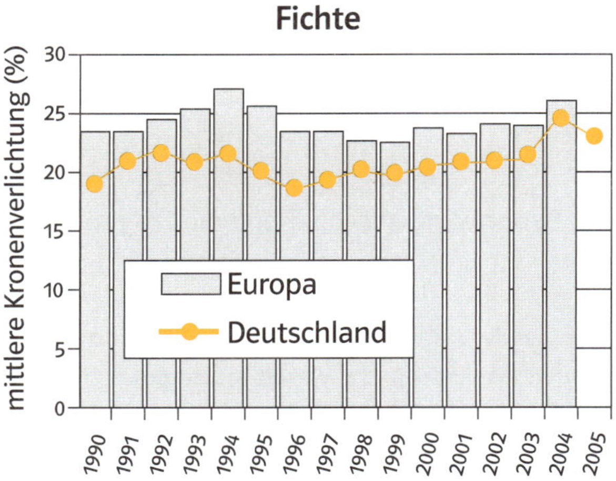

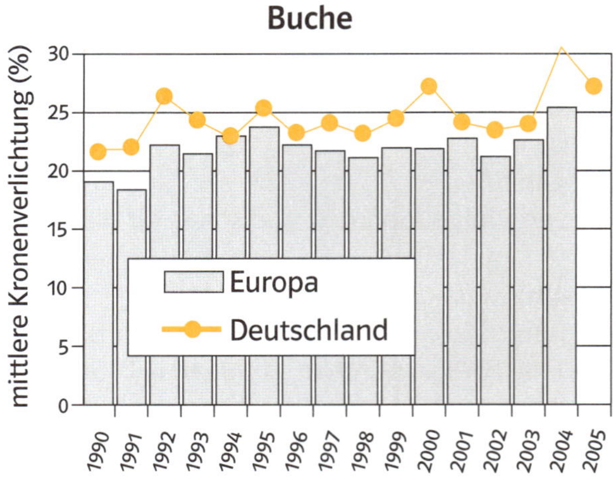

1. Ordne den fünf Abschnitten eine der folgenden Teilüberschriften zu. Schreibe den zutreffenden Abschnitt hinter die Überschrift.

Maßnahmen gegen Waldsterben (Abschnitt: ....)

Saurer Regen eine Hauptursache für Waldsterben (Abschnitt: ....)

Waldsterben und dessen allgemeine Ursachen (Abschnitt: ....)

Saurer Regen und dessen Folgen für Bäume (Abschnitt: ....)

Früherkennung kranker Bäume (Abschnitt: ....)

2. Liste die drei Ursachen für das Waldsterben stichpunktartig auf.

....

....

....

3. Verdeutliche am folgenden Schema, wie sich die Lebensweise der Menschen auf die Bäume auswirkt. Beschrifte dazu die einzelnen Elemente des Schaubildes und stelle Verbindungen zwischen ihnen her.

Lösungen Seite IV

4. Warum war im Jahre 2004 bei den europäischen Wäldern eine besonders große Schädigung zu beobachten?

....

....

....

5. Formuliere für den gesamten Text eine geeignete Hauptüberschrift.

....

6. Kreuze die zutreffenden Antworten an.

Die Forstleute versuchen bei Waldneuanpflanzungen dem Waldsterben entgegenzuwirken, indem sie …

a) Monokulturen aus Nadelbäumen anpflanzen. ☐
b) Laubwälder anpflanzen. ☐
c) Lärche, Ahorn und Rotbuche anpflanzen. ☐
d) sogenannte rauchzarte Gehölze anpflanzen. ☐
e) artenreiche Mischwälder anpflanzen. ☐

7. Beschreibe die beiden Diagramme in ihrem Aufbau und fasse ihre Hauptaussage kurz zusammen.

....

....

....

....

....

....

8. In den Diagrammen wird die „mittlere Kronenverlichtung“ als Maßstab für die Baumschädigung zugrunde gelegt. Erkläre, wieso man die Schädigung hauptsächlich an der Kronenverlichtung erkennen kann.

....

....

....

....

....

....

Lösungen Seite IV, V

9. Stimmen die folgenden Aussagen? Entscheide auf Grundlage der Diagramme und kreuze entsprechend an.

Aussage	richtig	falsch
a) Im Vergleich zu ganz Europa sind in Deutschland die Buchen deutlich stärker geschädigt.		
b) Im Vergleich zu Deutschland sind in Europa die Fichten mehr geschädigt.		
c) Die stärkste Schädigung der Baumart Buche wurde 2004 in Deutschland festgestellt.		
d) Ab dem Jahr 1996 ist die Schädigung der Fichten in Deutschland ganz allmählich zurückgegangen.		

10. Was meinst du zu folgender Maßnahme: Die Familie deines Freundes wohnt am Stadtrand und hat sich dazu entschlossen, zukünftig für den Weg ins Zentrum hauptsächlich öffentliche Verkehrsmittel an Stelle ihres privaten Autos zu benutzen. Begründe deine Meinung und beziehe die Aussagen des Textes ein.

Aufgabe B

Unterstreiche in den folgenden Sätzen
- alle Subjekte mit einer geraden Linie und
- alle finiten (gebeugten) Verbformen doppelt.

Entscheide danach, ob in den Sätzen ein Komma stehen muss. Wenn ja, setze es an die entsprechende Stelle.

1. Durch die Luftverunreinigungen werden unsere Bäume sehr belastet.
2. Die Firmen bauen in ihre Schornsteine Filteranlagen ein damit der Schadstoffausstoß geringer ist.
3. Aber auch die Abgase der Autos und die Abluft aus den Heizungsanlagen der Häuser sind schädlich für die Bäume.
4. Die Fahrzeughersteller wissen dies deshalb stellen sie umweltfreundliche Autos her.
5. Was tust du für den Schutz der Bäume und Wälder?
6. Helft alle beim Schutz der Wälder!

Lösungen Seite V

Aufgabe C

Bestimme die Satzarten der Sätze 1, 5 und 6 unter Aufgabe B.

Satz 1: ....

Satz 5: ....

Satz 6: ....

Aufgabe D

Steigere die Adjektive aus den folgenden Wortgruppen. Verfahre wie im vorgegebenen Beispiel.

a) saubere Luft: *sauber – sauberer – am saubersten*

b) moderne Heizungen: ....

c) gesunde Wälder: ....

d) gute Filteranlagen: ....

Aufgabe E

Bilde von folgenden Verben die drei Stammformen (Leitformen) und trage sie in die Tabelle ein. Ein Beispiel ist vorgegeben.

Infinitiv	1. Person Präteritum	Partizip II
pflanzen	*pflanzte*	*gepflanzt*
säubern		
verbinden		
düngen		
sterben		
enthalten		
auswirken		
liefern		
verpflanzen		
entwickeln		

Lösungen Seite V

Test III

2. Teil

Aufgabe A
Lies die beiden Baumgedichte und beantworte die folgenden Fragen.

Eugen Roth: Der Baum

Zu fällen einen schönen Baum,
braucht's eine Viertelstunde kaum.
Zu wachsen, bis man ihn bewundert,
braucht er, bedenk es, ein Jahrhundert.

Walter Helmut Fritz: Bäume

Wieder hat man in der Stadt,
um Parkplätze zu schaffen,
Platanen gefällt.
Wenn wir in ihrer Nähe waren,
begrüßten wir sie als Freunde.
Inzwischen ist es fast
zu einem Verbrechen geworden,
nicht über Bäume zu sprechen,
ihre Wurzeln,
den Wind, die Vögel,
die sich in ihnen niederlassen,
den Frieden,
an den sie uns erinnern.

1. Was ist beiden Gedichten gemeinsam? Kreuze alle zutreffenden Antworten an.

Beiden Gedichten ist gemeinsam, dass sie …

a) über das Baumsterben berichten. ☐
b) vor dem unüberlegten Baumfällen warnen. ☐
c) die schönen Baumkronen beschreiben. ☐
d) die Baumschönheiten hervorheben. ☐

2. Beide Gedichte unterscheiden sich in Formmerkmalen. Vervollständige die Tabelle.

Vergleichsmerkmale	E. Roth: Der Baum	W. H. Fritz: Bäume
Anzahl der Strophen		
Anzahl der Verse		
Anzahl der Sätze		
Reim		

Lösungen Seite VI

3. Erläutere folgenden Satz in Eugen Roths Gedicht näher: „Zu wachsen, bis man ihn bewundert, braucht er, bedenk es, ein Jahrhundert."

4. Das Gedicht „Bäume" von Walter Helmut Fritz spricht in seinem letzten Satz verschiedene Bedeutungsebenen an. Welche können das sein? Kreuze alle zutreffenden Aussagen an.

a) Bäume versinnbildlichen Vogelschutz. ☐
b) Bäume versinnbildlichen inneren menschlichen Frieden. ☐
c) Bäume versinnbildlichen die Natur an sich. ☐
d) Bäume versinnbildlichen menschliche Verbrechen. ☐

5. Die Menschen sagen, jeder Mann sollte in seinem Leben einen Baum gepflanzt haben. Versuche diese Aussage zu erklären.

Lösungen Seite VI

6. Stell dir vor, du sollst das Gedicht „Der Baum“ von Eugen Roth rezitieren, also einen Gedichtvortrag gestalten. Um inhaltliche Gesichtspunkte durch deine Vortragsweise zu verdeutlichen, musst du verschiedene sprachliche Mittel ganz bewusst nutzen. Sind folgende Hinweise für den Gedichtvortrag zutreffend oder nicht? Kreuze entsprechend an.

Hinweise zum Gedichtvortrag Eugen Roth: Der Baum	zutreffend	nicht zutreffend
a) Das Adjektiv „schönen“ (Z. 1) solltest du besonders betonen, um die Schönheit des Baumes/der Bäume hervorzuheben.		
b) Das Gedicht sollte möglichst schnell gesprochen werden, denn es ist ein ganz kurzes Gedicht.		
c) Die Wortgruppe „ein Jahrhundert“ (Z. 4) sollte etwas lauter gesprochen werden, um zu verdeutlichen, wie lange es dauert, bis ein Baum heranwächst und groß wird.		
d) Am Ende der 2. Zeile sollte man eine etwas längere Redepause machen.		
e) Im Folgenden sind durch Längsstriche kürzere Redepausen in Z. 3 und 4 verdeutlicht. „Zu wachsen, | bis man ihn bewundert, | braucht er, | bedenk es, | ein Jahrhundert.“ Sollten sie so umgesetzt werden?		

7. Begründe deine Entscheidungen für die Gesichtspunkte d) und e) unter Aufgabe 6.

Begründung zu d): ....

....

....

....

....

Begründung zu e): ....

....

....

....

....

8. Markiere in der ersten Zeile des Gedichts „Baum“ von Eugen Roth die betonten Silben. Nenne das Metrum, welchem diese Gedichtzeile folgt.

Zu fällen einen schönen Baum,

Metrum: ....

Lösungen Seite VI

Aufgabe B
Schau dir diese Bildergeschichte an.

Vater und Sohn

Schreibe dazu eine Geschichte. Beachte dabei, dass
- du spannend erzählst,
- deine Geschichte eine geeignete Einleitung und einen entsprechenden Schluss hat,
- du der Geschichte eine treffende Überschrift gibst.

....

....

....

....

....

....

....

Aufgabe C

- Dekliniere die folgenden Nomen/Substantive. Vervollständige die Tabelle.

Nominativ	der Baum		das Waldsterben	die Forstleute
Genitiv		der Wurzel		
Dativ				den Forstleuten
Akkusativ	den Baum			

Lösungen Seite VI

Test IV

Teil 1

Aufgabe A
Lies den Sachtext „Der Ameisenstaat" von Heiderose und Andreas Fischer-Nagel. Beantworte danach die Fragen zum Text.

Heiderose und Andreas Fischer-Nagel: Der Ameisenstaat

Ameisen sind über die ganze Erde verbreitet. Es gibt rund 14 000 Arten und davon 85, die bei uns vorkommen. Wie die Bienen gehören die Ameisen zu den „staatenbildenden Insekten": Sie leben also in einem Staat, in einer großen Gemeinschaft, die eine strenge Arbeitsteilung hat. Hunderttausende, ja Millionen leben manchmal in einem Ameisenhaufen zusammen. Allein, als Einzeltier, könnte eine Ameise nicht überleben.

Im Frühjahr, wenn die Sonne den Boden langsam erwärmt, beginnt das emsige Treiben der Waldameisen. In der zweiten Hälfte des Monat März sehen wir die Ameisen, dicht aneinander gedrängt, an der Nestoberfläche. Die Tiere verharren in der Sonne und speichern Wärme – eine ganz besonders wichtige „Beschäftigung", wie du noch erfahren wirst. Mehr und mehr Tiere beginnen dann den Bau, ihr gemeinsames Nest, auszubessern. Andere suchen nach Nahrung oder pflegen die frisch gelegten Eier, aus denen eine neue Generation Ameisen ausschlüpfen soll. [...]

Ob ein Ameisenstaat eine oder viele Königinnen hat, hängt von der Ameisenart ab. Wir haben die Kleine Rote Waldameise beobachtet, ein Volk mit vielen Königinnen. Ihre Hauptaufgabe ist das Eierlegen: In ihrem 20 bis 25 Jahre langen Leben legt sie Zehntausende von Eiern. Neben ihnen gibt es die Arbeiterinnen und Drohnen im Staat. Die Arbeiterinnen – das sind unfruchtbare Weibchen ohne Flügel – werden nur ungefähr fünf bis sechs Jahre alt. Sie sind für den Bau und die Verteidigung des Nestes, die Nahrungsaufnahme und die Brutpflege zuständig. Drohnen – die männlichen Ameisen – haben nur die Aufgabe, die Königin beim Hochzeitsflug zu begatten. Erst dann kann die Königin über Jahre hin befruchtete Eier legen.

Waldameisen sind ganz besonders nützliche Insekten. Man nennt sie auch die „Polizei des Waldes". Sie helfen den Forstleuten im Kampf gegen viele Schädlinge, indem sie Unmengen dieser Tiere vertilgen. Sie reinigen den Wald auch von toten und verwesenden Tieren. Die Roten Waldameisen stehen übrigens unter Naturschutz. Wer ihre Nester mutwillig zerstört, handelt nicht nur als Schädling an der Natur. Er macht sich außerdem strafbar!

Im Wald und vor allem am Waldrand finden wir die Nester der Kleinen Roten Waldameise. Es sind richtige Burgen, die – je nach dem Standort, ob sonnig oder schattig – mehr oder weniger hoch sind. Haufen, die im Schatten liegen, sind höher als solche, die in der Sonne stehen. Ihre Oberfläche, an der sie das wärmende Licht aufnehmen, muss ja größer sein. Und genügend Wärme ist lebenswichtig für die Ameisen: Das Nest muss innen immer eine gleichmäßige Temperatur von mindestens 25 Grad haben, denn sonst kann sich die Brut nicht entwickeln.

Wenn du im Wald einen Ameisenhaufen findest, solltest du ihn ehrfürchtig bestaunen, denn er wurde mit unendlicher Mühe erbaut. Die kleinen Ameisen schleppen ja Zweige heran, die für ihre Körpergröße und ihr Gewicht eigentlich stattliche Bäume sind! [...]

Den Kern des Ameisenhaufens bildet fast immer ein Baumstumpf, der in kurzer Zeit von den Ameisen durchlöchert und mit kleinen Zweigen, Tannennadeln und trockenem Laub überdeckt wird. Über der Erde liegen auf und um den Baumstumpf herum grobe Pflanzenteile und Zweige. Hier liegen die Kammern, in denen die großen Larven und Puppen leben. So heißen die Ameisen in den verschiedenen Entwicklungsstufen, die sie vom Ei bis zum Insekt durchlaufen. Nach außen hin wird das Baumaterial feiner, die äußere Schutzschicht schließlich besteht aus Tannennadeln. Im Erdreich haben die Ameisen Gänge und Kammern angelegt, in denen die Eier und die kleinen Larven gepflegt werden. Die Königinnen leben meist in den Kammern im Baumstumpf, wo sie auch ihre Eier legen. [...]

An einem warmen Sommertag begeben sich die jungen Königinnen auf den Hochzeitsflug. Während dieses Fluges werden sie von einem Drohn, einer männlichen Ameise, begattet. Dabei nehmen sie den männlichen Samen auf und bewahren ihn bis zum Eierlegen auf. Das Samenpaket, das die Königin vom

Drohn bekommt, enthält so viele Samenzellen, dass sie ihr ganzes Leben lang befruchtete Eier legen kann. Der Drohn stirbt nach der Begattung – er hat seine Aufgabe erfüllt. Die junge Königin kehrt meist in ihr Heimatnest zurück und wird von den Arbeiterinnen aufgeregt in Empfang genommen. Die nun überflüssigen Flügel fallen ab oder werden von den Arbeiterinnen abgerissen. […] Tief im Innern des Ameisenhaufens legt die Königin ihre Eier, jeden Tag nur etwa zehn Stück. Da unser Waldameisenvolk aber bis zu 5000 Königinnen haben kann, gibt es unzählige Eier im Nest! […]

1. Wie viele Arten von Ameisen kommen in Deutschland vor?

2. In einem Ameisenhaufen leben Arbeiterinnen, Drohnen und Königinnen zusammen. Wofür sind sie jeweils verantwortlich? Ordne die folgenden Tätigkeiten entsprechend zu.

Nestbau, Sauberhalten des Nestes, Hochzeitsflug, Brutpflege, Eierlegen, Befruchtung, Verteidigung des Nestes, Nahrungsversorgung, Samenaufnahme, Begattung

Tätigkeiten der Arbeiterinnen	Tätigkeiten der Drohnen	Tätigkeiten der Königinnen

3. Ameisen sind staatenbildende Insekten. Erkläre, was das bedeutet.

Lösungen Seite VII

4. Die Nester der Kleinen Roten Waldameise sind richtig hoch, ähnlich wie kleine Burgen. Wieso bauen die Ameisen solche Haufen? Kreuze die zutreffende Antwort an.

	zutreffend	nicht zutreffend
a) Ihre Oberfläche muss die Ameisen vor Regen schützen können.		
b) Ihre Oberfläche muss sie vor Feinden schützen können.		
c) Ihre Oberfläche muss genügend wärmendes Licht aufnehmen können.		
d) Ihre Oberfläche muss die Ameisen gegen Vögel schützen können.		

5. Im Text heißt es, dass das Ameisennest „innen immer eine gleichmäßige Temperatur von mindestens 25 Grad haben" muss (vgl. Z. 54 f.). Erläutere, warum diese Temperatur notwendig ist.

....

....

6. Bringe die folgenden Handlungen und Tätigkeiten einer Ameisenkönigin in die richtige Reihenfolge.

Aufbewahren des Samenpakets, Abfallen der Flügel, Hochzeitsflug, Aufnahme des männlichen Samens, Eierlegen, Rückkehr in ihr Nest, Tod, Begattung

1. .... 2. ....

3. .... 4. ....

5. .... 6. ....

7. .... 8. ....

7. An verschiedenen Stellen in der Natur, z. B. am Waldrand oder direkt im Wald, findet man manchmal Ameisenhaufen, die von Förstern oder Naturschützern mit Drahtgestellen umgeben worden sind. Hältst du diese Maßnahmen für sinnvoll? Begründe deine Meinung.

....

....

....

....

....

....

....

Aufgabe B
Bilde mit dem Nomen/Substantiv *Ameise* vier zusammengesetzte Nomen/Substantive (Komposita), in denen *Ameise* das Bestimmungswort ist.

1. .... 2. ....

3. .... 4. ....

Aufgabe C
Bilde mit dem Nomen/Substantiv *Ameise* ein zusammengesetztes Nomen/Substantiv, in dem *Ameise* das Grundwort ist.

....

Aufgabe D
Bestimme in den folgenden Sätzen die unterstrichenen Satzglieder, indem du die Nummern entsprechend zuordnest.

Tief im Innern des Ameisenhaufens (1) legt die Königin ihre Eier (2).

Da ein Ameisenvolk bis zu 5000 Königinnen haben kann (3), gibt es (4) unzählige Eier im Nest (5).

Nur im Frühjahr (6) legen die Königinnen (7) besondere befruchtete Eier, aus denen Königinnen und Drohnen (8) entstehen können.

Auf eine besondere Art und Weise (9) werden die Eier von den Arbeiterinnen (10) mit ihrem Speichel beleckt.

Aus den Eiern schlüpfen (11) die Larven (12).

Die Larven müssen mit einem besonders guten Futtersaft (13) versorgt werden.

Satzglieder	Nummern der Satzglieder
Subjekte	
Prädikate	
Dativobjekte	
Akkusativobjekte	
Adverbialbestimmung des Ortes	
Adverbialbestimmung der Zeit	
Adverbialbestimmung des Grundes	
Adverbialbestimmung der Art und Weise	

Lösungen Seite VII

Aufgabe E

Verknüpfe die beiden Sätze jeweils zu einem Satzgefüge. Achte auf die Kommasetzung.

1. Die Arbeiterinnen speicheln die Ameiseneier ein und kleben sie zu Klumpen zusammen. Sie lassen sich so besser transportieren.

....

....

....

2. Die aus den Eiern geschlüpften winzigen Larven haben keine Beine und keine Augen. Sie müssen von den Arbeiterinnen versorgt werden.

....

....

....

3. Die Larven wachsen schnell heran. Ihre Haut platzt auf.

....

....

Lösungen Seite VII

Test IV

2. Teil

Aufgabe A
Lies den folgenden Text und beantworte danach die Fragen.

Jean de La Fontaine: Die Grille und die Ameise

Eine Grille verbrachte den ganzen Sommer mit Gesang. Als der Winter kam, hatte sie keinen Bissen zu essen in der Vorratskammer, nicht einmal die kleinste Fliege, auch keinen Wurm.
Die Grille ging zu ihrer Nachbarin, der Ameise, und jammerte über ihren Hunger. Sie bat die Ameise, ihr wenigstens ein oder zwei Getreidekörner zu leihen, um ihr über den Winter zu helfen.
„Zur Erntezeit werde ich alles zurückzahlen, auf mein Wort!“
„Sag mir“, antwortete die Ameise streng – Ameisen haben nur wenige Fehler, und einer ist ihr Mangel an Großzügigkeit –, „wie hast du den ganzen Sommer verbracht, mein Freund?“
„Ich sang Tag und Nacht, um die zu erfreuen, die zuhören wollten.“
„Du hast also gesungen“, sagte die Ameise, „wie lieb! So tanze jetzt!“

1. Ordne auf Grundlage des Textes folgende Tätigkeiten jeweils einem der beiden handelnden Tiere zu:

singen, Getreidekörner sammeln, bitten, sagen, jammern, fragen, zurückzahlen, antworten, gehen, etwas leihen

Grille	Ameise

Lösungen Seite VIII

2. Kreuze an, welche Aussagen zutreffend sind, welche nicht.

Aussagen	trifft zu	trifft nicht zu
a) Die Grille besucht im Herbst die Ameise.		
b) Die Grille hat den Sommer über von früh bis abends gesungen.		
c) Die Grille jammert über ihre schwere Arbeit.		
d) Die Ameise wird der Grille Getreidekörner borgen.		
e) Die Ameise bewundert die Grille wegen ihres schönen Gesangs.		
f) Die Ameise wird überall wegen ihrer Großzügigkeit gelobt.		
g) Die Ameise hat den Sommer über fleißig gearbeitet.		

3. Bestimme die Textsorte und begründe deine Zuordnung, indem du zwei typische Merkmale dieser Textsorte nennst.

....

....

....

4. Die Ameise sagt zur Grille: „Sag mir, [...] wie hast du den ganzen Sommer verbracht, mein Freund?" (Vgl. Z. 11 ff.) Wie ist dieser Satz zu verstehen? Kreuze die richtige Antwort an.

a) Die Ameise will von ihrer Nachbarin, ihrer Freundin, wissen, was sie im Sommer gemacht hat. ☐
b) Die Ameise will wissen, was die Grille im Sommer gemacht hat, denn Faulenzer sind nicht ihre Freunde. ☐
c) Die Ameise ist immer neugierig und will immer alles über ihre Freunde wissen. ☐
d) Die Ameise ist immer großzügig, aber gleichzeitig auch neugierig ihren Freunden gegenüber. ☐

5. Wähle aus den folgenden Eigenschaften je zwei aus, die für das jeweilige Tier zutreffend sind, und schreibe sie hinter den Tiernamen.

gönnerhaft, fleißig, will andere erfreuen, großzügig, talentiert, geizig, ordentlich

Ameise: ....

Grille: ....

6. Formuliere die Lehre (Moral) der Fabel mit deinen eigenen Worten.

....

....

....

....

Aufgabe B

Fertige eine Backanleitung (Vorgangsbeschreibung) an, wie man Ameisenkuchen bäckt. Orientiere dich dabei an den folgenden Bildern und Hinweisen.

Ameisenkuchen

Zutaten:
1 Becher Joghurt
1 Becher Zucker
¾ Becher Öl
2 Becher Mehl
3 Eier
1 Packung Vanillezucker
1 Packung Backpulver
½ Becher Schokoraspel
1 Esslöffel Margarine für die Form
3 Esslöffel Semmelbrösel für die Form
etwas Staubzucker

Zubereitung:

Kuchenform mit Margarine einfetten, mit Semmelbröseln bestreuen

Eier aufschlagen, Eiweiß zu Schnee schlagen

Eidotter, Joghurt, Zucker schaumig rühren

Öl langsam einlaufen lassen

Mehl mit Backpulver und Schokoraspeln abmischen und einrühren, Schnee unterheben

Teig in gebutterte und gebröselte Kuchenform füllen

bei 150 Grad C Heißluft 1 Stunde backen

wenn Kuchen ausgekühlt, mit Staubzucker bestreuen

Lösungen Seite VIII

Aufgabe C

Formuliere folgende Aktivsätze ins Passiv um. Bestimme die Zeitform der Sätze.

Aktivsatz	Passivsatz	Zeitform
Die Mutter bäckt den Kuchen.		
Gestern hatte die Mutter Kuchen für die Feier gebacken.		
Morgen wird die Mutter den Geburtstagskuchen backen.		

Aufgabe D

Formuliere die folgenden beiden Sätze in Aufforderungssätze um.

1. Man muss auf die genaue Backzeit achten.

....

2. Man sollte den Backofen vorheizen.

....

Formuliere die folgenden beiden Sätze in Fragesätze um.

3. Der Kuchen sollte eine Stunde backen.

....

4. Die Backtemperatur muss 150 Grad Celsius in einem Heißluftherd betragen.

....

Lösungen Seite VIII

Aufgabe E

Schreibe die folgenden Wortgruppen in korrekter Groß- und Kleinschreibung. Achte auf die Schreibung des s-Lautes.

DAS SCHNELLE AUSKÜHLEN DES KUCHENS, DAS GOLDGELB DES GEBACKENEN KUCHENS, DAS GESCHLAGENE EIWEISS, DAS SCHAUMIGRÜHREN DER FLÜSSIGEN TEIGMASSE, DIE BEREITGESTELLTEN ZUTATEN, DAS ABMISCHEN UND EINRÜHREN DER ZUTATEN, DAS LANGSAME EINLAUFENLASSEN DES ÖLS, DAS VORBEREITEN DER BACKFORM, DAS GLEICHMÄSSIGE BESTREUEN DES FERTIGEN KUCHENS MIT WEISSEM PUDERZUCKER, DAS ABMESSEN DER ZUTATEN MIT EINEM ESSLÖFFEL, DAS VORSICHTIGE TRENNEN VON EIWEISS UND EIDOTTER, DAS BACKEN MIT EINEM HEISSLUFTHERD, DAS MÄSSIGE VERWENDEN VON SCHOKORASPELN, DER FERTIGE KUCHEN

....

....

....

....

....

....

....

....

....

....

....

....

....

....

Aufgabe F

Kreuze an, um welche Art von Gliedsatz es sich jeweils handelt.

a) <u>Nachdem die Kuchenform eingefettet wurde</u>, bestreut man sie mit Bröseln.

Adverbialsatz des Ortes	☐
Adverbialsatz des Grundes	☐
Adverbialsatz des Zwecks	☐
Adverbialsatz der Zeit	☐
Adverbialsatz der Art und Weise	☐
Subjektsatz	☐
Objektsatz	☐

Lösungen Seite VIII

b) Man fettet die Kuchenform ein, damit der Kuchen nach dem Backen darin nicht festsitzt.

Adverbialsatz des Ortes ☐
Adverbialsatz des Grundes ☐
Adverbialsatz des Zwecks ☐
Adverbialsatz der Zeit ☐
Adverbialsatz der Art und Weise ☐
Subjektsatz ☐
Objektsatz ☐

c) Er weiß, dass man die Kuchenform vor dem Backen einfetten muss.

Adverbialsatz des Ortes ☐
Adverbialsatz des Grundes ☐
Adverbialsatz des Zwecks ☐
Adverbialsatz der Zeit ☐
Adverbialsatz der Art und Weise ☐
Subjektsatz ☐
Objektsatz ☐

d) Er fettet die Kuchenform ein, weil sich sonst der Kuchen nach dem Backen nur schwer lösen lässt.

Adverbialsatz des Ortes ☐
Adverbialsatz des Grundes ☐
Adverbialsatz des Zwecks ☐
Adverbialsatz der Zeit ☐
Adverbialsatz der Art und Weise ☐
Subjektsatz ☐
Objektsatz ☐

Lösungen Seite VIII

Inhalte und Kompetenzen – Gymnasium Klasse 6

Die erste Zahl gibt die Prüfungsnummer an („II.1" bedeutet „Test II, Teil 1"), der Buchstabe verweist auf die Aufgabe („B" bedeutet also „Aufgabe B"), die zweite Zahl schließlich verweist ggf. auf eine Teilaufgabe („A 5" bedeutet „Aufgabe A, Teilaufgabe 5").

1. Lesen und Mediengebrauch

Bibliothek – I.2 B
sinnbetontes Lesen – III.2 A 6, 7

Sach- und Gebrauchstexte
Aussagen herausarbeiten, darstellen – I.2 B 1–5; II.1 A1–3, 5–7; III.1 2-4, 6–10; IV.1 A 1–6, 7
Textstellen klären – II.1 A 4, 8; III.1 A 9; IV.1 A 5
Überschrift formulieren – III.1 1, 5

Literarische Texte
Gedichte beschreiben – III.2 A 2
Figuren (sich einfühlen in) – I.1 A 3, 10; II.2 A 5, 8; IV.2 A 5
sprachliche Mittel – I.1 A 12; III.2 A 6–8
Texte erschließen – I.1 A 1–4, 7, 8; II.2 A 1, 3, 4, 7; III.2 A 1–5; IV.2 A 1, 2, 4, 6
Texte vergleichen – III.2 A 1, 2
Überschrift formulieren – I.1 A 11

Textsorten
Bildergeschichte – III.2 B
Brief – I.1 C; II.1 B
Cover – I.1 B
Diagramm – III.1 A 7, 9
Fabel – IV.2 A
Gedicht – III.2 A
Informationsbroschüre – I.2 B
Internet-Sachtext – II.1 A
Jugendbuch – I.1 A
Märchen – II.2 A
Sachtext – II.1 A; III.1 A; IV.1 A
Vorgangsbeschreibung – IV.2 B

2. Schreiben und Rechtschreiben

Bild beschreiben, deuten – I.1 B; III.2 B
Brief schreiben – I.1 C; II.1 B
freies Schreiben – III.2 B
Meinung darlegen – I.1 A 6, 9; III.1 A 10; IV.1 A 7
Satzgefüge bilden – IV.1 E
Vorgangsbeschreibung – IV.2 B

Richtig schreiben
das/dass – II.2 D
Fehler finden– II.2 C
Groß- und Kleinschreibung – IV.2 E
Nebensatz (Zeichensetzung) – III.1 B
Silbentrennung – I.1 D
Wörtliche Rede (Zeichensetzung) – I.2 A

3. Sprache untersuchen

Adjektive – III.1 D
Aktiv – IV.2 C
Antonym – II.2 B 5
Attribute – I.2 F
Ausdrücke, Wörter erklären – I.1 A 5; II.2 A 2, 6
Deklination – III.2 C
Flexionsendungen – II.2 B 1
Gliedsätze – IV.2 F
Konjunktionen, neben- und unterordnende – II.2 B 2; IV.1 E
Metrum – III.2 A 8
Nebensatz – III.1 B; IV.1 E; IV.2 F
Oberbegriff/Unterbegriff – II.2 B 3
Passiv – IV.2 C
Prädikat – III.1 B
Redewendung – II.1 A 10
Relativsatz – I.2 F
Satzarten – III.1 C; IV.2 D
Satzgefüge – III.1 B; IV.1 E
Satzglieder – III.1 B; IV.1 D
Subjekt – III.1 B
Synonym – II.2 B 6
Tempusformen – I.2 E; III.1 E
Verben – III.1 E
Wortarten – I.2 D
Wörterbuch – II.1 C
Wortbildung – IV.1 B, C
Wortfamilie – I.2 C
Wortfeld – II.2 B 4

4. Sprechen

Gesprächsregeln – I.1 A 8